Cally Stronk & Christian Friedrich

Kunterbunte Weihnachten

Bibliografische Information der Deutschen Nationalbibliothek:
Die Deutsche Nationalbibliothek verzeichnet diese Publikation
in der Deutschen Nationalbibliografie.
Detaillierte bibliografische Daten sind im Internet
über *http://dnb.d-nb.de* abrufbar.

1 2 3 4 5   E D C B

© 2018 Ravensburger Buchverlag Otto Maier GmbH
Text: Cally Stronk und Christian Friedrich, Berlin
Die Autorin Cally Stronk wird vertreten von
der Autoren- und Projektagentur Gerd F. Rumler (München).
Umschlag- und Innenillustrationen: Pe Grigo, Bielefeld
Lektorat: Dominique Conte, Mainz

Alle Rechte dieser Ausgabe vorbehalten durch
Ravensburger Buchverlag Otto Maier GmbH
Postfach 18 60, 88188 Ravensburg

Printed in Germany

ISBN 978-3-473-36593-7

www.ravensburger.de

Cally Stronk & Christian Friedrich

1·2·3 Minuten-Geschichten

Kunterbunte Weihnachten

Mit Bildern von
Pe Grigo

Ravensburger Buchverlag

1·2·3 Minuten-Geschichten

WEIHNACHTSÜBERRASCHUNG

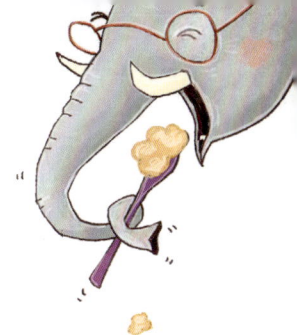

WEIHNACHTSWUNDER

 **1** = kurze Geschichte

 **2** = mittellange Geschichte

 **3** = lange Geschichte

WEIHNACHTSFREUDE

VORWORT

Was gibt es in der Vorweihnachtszeit Schöneres für Kinder und Eltern, als an einem gemütlichen, warmen Ort Plätzchen zu knabbern und eng aneinandergekuschelt gemeinsam eine Geschichte zu lesen. Wenn sie den Kindern gefallen hat, wünschen sie sich noch eine und noch eine. Dieses „Noch eine!" hat mich vor mehr als 25 Jahren auf die Idee zu den „1-2-3 Minuten-Geschichten" gebracht. Bei kurzen Geschichten, die nur wenige Minuten lang sind, können Eltern den Wunsch ihrer Kinder nach noch einer Geschichte doch leicht erfüllen.

Ob nun kurze oder längere Geschichten, wichtig ist, den Kindern vorzulesen. Eine wunderbare Gelegenheit dafür ist der kalte Winter, in dem man viel Zeit drinnen verbringt. Kinder genießen die Nähe von Mama oder Papa bei einer schönen Gutenachtgeschichte. Wer sich dafür täglich Zeit nimmt, tut seinem Kind, aber auch sich selbst sehr viel Gutes. Denn Vorlesen und Erzählen stärken die Beziehung zwischen Eltern und Kindern und vermitteln den Kindern, dass sie wichtig sind.

Aber Geschichten können noch viel mehr: Kinder, denen früh und regelmäßig vorgelesen wird, entwickeln einen größeren Wortschatz und ein besseres Sprachverständnis; ihre Konzentrationsfähigkeit und ihre Intelligenz werden gefördert. Beim Zuhören denken sich Kinder in andere Wesen hinein, fühlen, überlegen und entscheiden mit ihnen ... Geschichten tragen also dazu bei, dass Kinder die Welt „mit verschiedenen Augen" sehen – eine Voraussetzung dafür, sich eine differenzierte Meinung bilden zu können. Und das ist in unserer globalisierten Welt mit ihren multikulturellen Gesellschaften wichtiger denn je. Deshalb freue ich mich, dass nun auch junge Autorinnen und Autoren für die neu gestaltete „1-2-3 Minuten-Geschichten-Reihe" schreiben. Damit die Kinder auch weiterhin Geschichten hören können – und noch eine und noch eine ...

Manfred Mai

WEIHNACHTSÜBERRASCHUNG

DER GRÖSSTE ADVENTSKALENDER DER WELT

Es war einmal ein Gespensterkind, das geisterte Nacht für Nacht wild in einer alten Burgruine herum. Es heulte und jaulte schaurig-schön und hatte großen Spaß am Herumspuken. Doch immer wenn der Winter kam und es auf Weihnachten zuging, wurde es sehr ungeduldig. Jeden Tag fragte es seine Gespenstermutter wieder und wieder: „Mami, wie lange dauert es noch bis Weihnachten?"
Es quengelte so sehr, dass seine Mama irgendwann ganz verzweifelt war. Doch dann hatte sie eine Idee: Es waren noch genau 24 Tage bis zum Weihnachtsfest. Und unten im Dorf gab es 24 Häuser. Also sagte die Mutter zu ihrem Gespensterkind: „Schau mal, du darfst ab heute jeden Tag eine der Haustüren unten im Dorf öffnen. Dahinter wohnen Menschen, die kannst du dann erschrecken. Und wenn du einmal durch das ganze Dorf gespukt bist, dann ist Weihnachten!"

Das kleine Gespenst freute sich riesig. Sofort schwebte es los, um das erste Türchen zu öffnen. Über die Burgzinnen flog es den großen Berg hinab ins Dorf hinunter. Als es

endlich am ersten Haus angekommen war, nahm das
Gespensterkind all seinen Mut zusammen. Es machte ein
extra grimmiges Gesicht, riss die Türklinke herunter und
rief, so laut es konnte: „BUUUUUHHHHHH!"
Die Familie dahinter saß gerade beim Abendessen.
Überrascht ließen der Vater, die Mutter und die Kinder ihre
Suppenlöffel fallen und riefen: „Oh, du hast uns aber einen
großen Schrecken eingejagt, kleines Gespenst!"
Da war das Gespensterkind sehr stolz. Tag für Tag öffnete es
nun ein Türchen nach dem anderen. Die Familien dahinter
quietschten und schrien, aber eigentlich freuten sich die
Kinder sogar, weil sie sich gerne ein wenig gruselten. Es war
eine große Freude! Und dann, nachdem das kleine Gespenst
alle 24 Türchen geöffnet hatte, war es endlich, endlich
Weihnachten!

Komm, wir bauen einen Schlitten

„Hurra! Es schneit!", ruft die kleine Maus, als sie neugierig ihr Schnäuzchen aus ihrem Mauseloch streckt. Vor Freude macht sie einen Purzelbaum im Schnee, bevor sie schnell zu ihren Freunden läuft – zum Biber, zum Hasen, zum Specht und, weil es Sonntag ist, auch zur Füchsin. Denn die ist sonntags meist ganz nett.

„Es schneit! Es schneit!", freuen sich alle Tiere. Sie toben umher und machen Schneeengel.

„Was für ein wunderbarer Tag!", sagt der Hase.

Da macht es plötzlich POFF, und schon hat er einen Schneeball abbekommen. Die Füchsin lacht und läuft schnell weg, der Hase hinterher. Die beiden flitzen durch den frischen Schnee, immer schneller jagen sie sich und lachen.

Plötzlich kommen sie ins Rutschen und sausen einen kleinen Hügel hinab.

„Huiiiii, war das schön!", kichert die Füchsin begeistert, als die beiden wieder oben ankommen. „Kommt, Leute, wir

18

bauen einen Schlitten, dann können wir alle zusammen den
Hügel hinabrutschen!"

Die anderen Tiere sind begeistert. Und schon geht es los!
Der Biber und die Mäuse nagen an einem alten Baumstamm,
und der Specht hackt drauflos, dass die Holzspäne nur so
fliegen. Es dauert gar nicht mal so lange, da sind die Tiere
fertig. Wie die Bildhauer haben sie aus dem Stamm einen
Schlitten gehackt und genagt. Einer, auf dem alle Platz
haben. Mit Bienenwachs schmieren sie noch die Kufen ein,
dann ist der Schlitten fertig. Nacheinander hüpfen sie hinauf,
und los geht es. Blitzschnell sausen die Tiere den Berg
hinab. Und noch mal und noch mal und noch mal! Als sie
schließlich genug haben vom Schlittenfahren, stellen sie den
Schlitten vor einem Haus am Waldrand ab. Und binden eine
große rote Schleife drum herum. Weil es Sonntag ist. Und
bald Weihnachten.

RUDOLPHS RENTIERSCHNUPFEN

Du hast bestimmt schon mal davon gehört, dass der Weihnachtsmann Rentiere hat, die seinen Schlitten ziehen. Aber weißt du auch, dass die Rentiere dem Weihnachtsmann bei den Weihnachtsvorbereitungen helfen?

An einem Weihnachten, in einem wirklich kalten Winter, wollte jedoch eines der Rentiere, es hieß Rudolph, nicht mehr so richtig mithelfen. Fragte man es, ob es beim Schneeschippen zur Hand gehen wolle, antwortete es nur: „HATSCHI! Das geht nicht. Ich habe eine Weihnachtsallergie!"

Bat man es, die Geschenke für die Kinder einzupacken, schniefte das Rentier: „HATSCHI! Ich kann nicht. Du weißt doch: Weihnachtsallergie!"

Und brauchte man Hilfe, um die schönen Weihnachtskugeln
an den Baum zu hängen, so rief Rudolph wieder:
„HATSCHI! Ich muss weg! Meine Weihnachtsallergie!"
„Na, so kann uns Rudolph dieses Jahr leider nicht helfen!",
murmelte der Weihnachtsmann in seinen weißen Bart. „Ist
ja nicht so schlimm!" Doch er machte sich schon ein wenig
Sorgen um das Rentier. Rudolphs Nase war dick und rot
und lief ununterbrochen.
„Leg dich lieber wieder ins Bett und schlaf noch ein
bisschen, Rudolph. Damit du schnell wieder gesund wirst!"

Kurze Zeit später bemerkte der Weihnachtsmann, dass
Rudolph kauend und schmatzend im Schlafanzug durch
das Haus lief.

„Was futterst du denn da?", fragte der Weihnachtsmann.

„Och, nibbeldinichts!", antwortete Rudolph schnell.

„Zeig mal her!", sagte der Weihnachtsmann.

Rudolphs Wangen wurden genauso rot wie seine Nase und
er holte eine Dose Weihnachtsplätzchen hervor.

„Das sind die leckeren. Die mit den Haselnüssen!",
murmelte Rudolph verlegen.

„Haselnüsse?", rief der Weihnachtsmann. „Dagegen hat
eines der Eichhörnchen im Tannenwald eine Allergie.
Seitdem frisst es nur noch Walnüsse. Kann es sein, dass du
eventuell ..."

„HATSCHI!", machte Rudolph.

Da lachte der Weihnachtsmann. „Ich hab eine Idee! Du
bekommst ab heute Walnussplätzchen, die sind auch lecker.
Und dann schauen wir, ob du wirklich eine Allergie gegen
Weihnachten hast oder nur eine gegen Haselnüsse."

Rudolph nickte.

Nachdem er zwei Tage nur rumgesessen und Walnussplätzchen gefuttert hatte, war Rudolphs Nase gar nicht
mehr rot und hatte auch aufgehört zu kribbeln.

Da riefen die anderen Rentiere: „Hey, Rudolph, hilfst du
uns beim Schneeschippen?"

„Äh, ok!", sagte Rudolph. Also legte er los und schippte
Schnee wie ein Weltmeister. Das machte sogar richtig Spaß!
Nach einer halben Stunde war die Garageneinfahrt wieder
frei und da kam auch schon der Weihnachtsmann mit dem
Schlitten nach Hause.

„Das sieht hier ja blitzblank aus! Das habt ihr richtig toll
gemacht!", lobte er seine Rentiere. Rudolph wurde vor
Freude wieder ein klein wenig rot um die Nase.

„Mhm, so wie es aussieht, habe ich wohl doch keine
Weihnachtsallergie", bemerkte er.

Da lachten alle. Und immer, wenn
Rudolph sich besonders freut bei
seiner Arbeit, bekommt er
auch heute noch eine rote
Nase.

GROßES ROBOTEREHRENWORT

Wir schreiben das Jahr 2412. Auf einem Planeten im Sternensystem Alpha Centauri freuen sich die Kinder schon auf Weihnachten. Sie haben aus dem rosafarbenen Weltraumschnee einen Schneemann gebaut und ihm eine grüne Astro-Karotte als Nase angesteckt.

„Fertig!", sagt Hanna gerade zu Luca, da blendet sich ein Videobild in das Visier ihres Astronautenhelms: Es ist Mama. „Kinder, kommt zurück ins Haus! Oma ist da!"

„Supergalaktisch gut! Hoffentlich hat Oma auch wieder Roberta09 mitgebracht!" Schnell drücken die Kinder einen Knopf an ihren Armbanduhren. Damit schalten sie ihre Düsenstiefel ein, heben vom Boden ab und WUUUUSCH geht es ab nach Hause.

Auf sieben Meter hohen Stelzen steht das Haus, in dem sie wohnen. Es sieht aus wie eine fliegende Untertasse mit sechs Beinen. In der Einfahrt parkt schon Omas uraltes, klappriges Raumschiff.

Über eine Luftschleuse kommen die Kinder in das warme Haus und rufen fröhlich: „Hallo, Oma!"

Hanna und Luca umarmen ihre Großmutter, die in einem Rollstuhl sitzt.

„ H a l l o ,   l i e b e   K i n d e r ! Piep-Piep-Piiiiep", sagt auch Roberta09, die Omas Rollstuhl schiebt. Sie ist ein

etwas älteres Robotermodell und ihre Sprachausgabe funktioniert nicht mehr richtig.

„Hallo, Roberta!", rufen Hanna und Luca aufgeregt.
Mama bringt Weihnachtstee und selbst gebackene Plätzchen, während es sich die Kinder auf dem Sofa gemütlich machen.
„Oma! Erzähl uns noch mal die Geschichte, wie Weihnachten früher auf der Erde war!", bettelt Hanna.
„Ja bitte, Oma!" Luca hüpft vor Aufregung auf dem Sofa auf und ab.

Oma lächelt. „Nun ja, ich bin ja schon 287 Jahre alt, aber wenn ich mich recht erinnere, dann war es ähnlich wie heute, alle Kinder freuten sich auf Weihnachten. Nur wollte es damals einfach nicht mehr schneien, wegen der Erderwärmung, wisst ihr? Die Kinder auf der Erde hatten noch nie Schnee gesehen. Da hatte ich eine Idee. Mein Raumschiff, der alte rostige ASTRO-BUS17, war eigentlich dazu da, Schulkinder zwischen der Erde und dem Mond hin- und herzufliegen. Roberta und ich stiegen also in den ASTRO-BUS17. Auf unserem Radar-Bildschirm suchten wir nach der kältesten Zone in der Galaxie. Es dauerte nicht lange und wir entdeckten einen Eiskometen ganz am Ende unseres Sonnensystems. Wir wussten sofort, was zu tun war! Roberta drückte den Hebel für den Spezialantrieb nach vorne. Es gab einen Ruck und mit dreizehnfacher Licht-geschwindigkeit flogen wir zum Rand des Sonnensystems. Dort war er – der Eiskomet. Er glitzerte wunderschön im Weltraumlicht.

Ich legte also den Rückwärtsgang ein, Roberta stieg aus und hängte den Eiskometen einfach an die Anhängerkupplung. Und dann haben wir den Kometen zur Erde geschleppt und sind die ganze Zeit über unserem Dorf hin- und hergeflogen. Doch es gab ein Problem. Der Schnee hing an dem Kometen fest wie eine Riesenladung Kaugummi. Wegen der Kometen-Anziehungskraft, wisst ihr? Da habe ich Roberta das Steuerrad überlassen, bin mit meinem Astronautenanzug und einer Schippe auf den Kometen geklettert und habe den Schnee runtergeschaufelt. Der rieselte dann auf die Häuser und Wälder. Dadurch haben die Kinder zum ersten Mal Schnee gesehen. Ja ja, so war das damals im 22. Jahrhundert", sagt Oma und schlürft ihren Weihnachtstee. „G e n a u s o w a r d a s", bestätigt Roberta09, „g r o ß e s R o b o t e r e h r e n w o r t ! Piep-Piep."

Der kleine Nikolaus

„Papa, wie vielmal schlafen noch bis Nikolaus?", fragt
der kleine Finn, als er und sein Bruder Nico schon im Bett
liegen.

„Noch dreimal schlafen bis Nikolaus!", antwortet Papa.
„Und jetzt gute Nacht, ihr beiden!" Dann macht er das
Licht aus.

Es wird dunkel im Kinderzimmer. Doch Finn kann nicht
einschlafen. Er ist so aufgeregt. Weil bald Nikolaustag ist.
Da fällt ihm plötzlich etwas ein. „Hey, du heißt doch
Nico!", sagt er zu seinem großen Bruder. „Überleg doch
mal! Vielleicht wirst du, wenn wir mal erwachsen sind, der
richtige Nikolaus?"

„Das ist eine super Idee!", findet Nico. „Das wäre echt
cool, wenn ich allen Kindern tolle Süßigkeiten bringen
könnte! Und du wirst Knecht Ruprecht, aber ein ganz
lieber, und dann hilfst du mir!"

Die beiden müssen kichern, irgendwie ist sie lustig,
diese Vorstellung. Und schon bald sind sie
eingeschlafen.

In dieser Nacht träumt Nico davon, dass er wirklich der Nikolaus ist. Mit einem Schlitten saust er durch den Schnee und legt allen Kindern tolle Süßigkeiten in die geputzten Stiefel.

Am nächsten Morgen beim Frühstück löffelt Nico ungewöhnlich schnell sein Müsli. Draußen liegt dicker Schnee. Als er fertig ist, springt er auf und fragt: „Mama, darf ich rausgehen und mit Bobby spielen?" Bobby ist der Familienhund, ein Golden Retriever. Und Mama sagt: „Das finde ich ja ganz toll, dass du auch mal mit Bobby spazieren gehen willst. Gerne! Aber zieh dir was Warmes an!"

Nico rennt in sein Zimmer, schlüpft in seinen knallroten Skianzug und setzt sich die rote Mütze mit der weißen Bommel auf, die Oma für ihn gestrickt hat. Dann schleicht er in die Küche, schnappt sich einen der Jutebeutel, die Mama und Papa sonst zum Einkaufen benutzen, und füllt ihn mit allen Süßigkeiten, die er finden kann.

Einige Minuten später öffnet sich das Garagentor. Nico sitzt auf einem Holzschlitten. Den Jutebeutel mit den Süßigkeiten hat er sich umgehängt. Und vor ihm an der Leine steht der Familienhund.

„Los, Bobby!", ruft Nico.

Fast wie der Nikolaus mit seinem Schlitten fährt er langsam aus der Garageneinfahrt. Ein bisschen mit den Füßen mithelfen muss er schon, denn Bobby kann den Schlitten nicht alleine ziehen.

An jedem Haus in der Nachbarschaft springt Nico vom Schlitten und wirft ein paar Bonbons oder andere Süßigkeiten in den Briefkasten, bevor die lustige Fahrt weitergeht.

Plötzlich steht Herr Pampel, einer der Nachbarn, vor ihm.

„Was machst du hier eigentlich? Euer alter Bobby ist doch kein Schlittenhund! Und überhaupt, was soll das Ganze?", meckert er.

Nico will etwas antworten, aber irgendwie fällt ihm nichts ein. Er hat einen dicken Kloß im Hals und die Tränen steigen ihm in die Augen. Doch da springt Finn, sein kleiner Bruder, aus dem Gebüsch.

„Wissen Sie, Nico muss üben, denn wenn er groß ist, wird
er Nikolaus und macht allen Menschen eine Freude! Und
ich bin Knecht Ruprecht, aber ein lieber!"
Herr Pampel schaut überrascht. „Und was hattet ihr an
meiner Post zu suchen?"
Zielstrebig geht er auf seinen Briefkasten zu und öffnet
ihn. Zwischen einem Haufen Briefe liegt ein kleiner
Schokoweihnachtsmann.
„Ach, das ist ja lieb!", freut sich Herr Pampel.
Nico und Finn grinsen. Das mit dem Freudemachen klappt
doch schon ganz gut!

DIE PRINZESSIN UND DER FEUERDRACHE

Es war einmal eine Prinzessin, die wollte nicht im Dunkeln schlafen. Sobald es dämmerte, mussten alle Kerzen angezündet werden. Das ganze Schloss war nachts hell erleuchtet. Und um all die Kerzen in den Lampen anzuzünden, brauchten die Mägde und Kammerburschen Hunderte, nein Tausende, ach was, Millionen von Streichhölzern.

Eines Tages kam es, wie es kommen musste: Die Mägde und Kammerburschen hatten nicht aufgepasst und das letzte Licht war ausgegangen. Sie wollten es wieder anzünden, stellten aber fest, dass es kein einziges Streichholz mehr im Schloss gab. Zu allem Übel nahte das Weihnachtsfest.

„Was ist ein Weihnachtsbaum nur ohne brennende Kerzen?", jammerte die Prinzessin. Und an die Nacht im Dunkeln wollte sie erst recht nicht denken. Also schickte ihr Vater, der König, seine Mägde und Kammerburschen aus, Feuer zu holen. Doch draußen tobte ein

wilder Schneesturm, sodass niemand das Schloss verlassen konnte. Allmählich wurde es dunkel und die Prinzessin wurde immer unruhiger. Plötzlich kam ihr eine Idee.

„Du, Papa?", fragte sie. „Unter dem Schloss lebt doch ein Drache, kann der uns nicht Feuer geben?"

Nun ja, an sich war diese Idee ja nicht schlecht, aber niemand von den Mägden und Kammerburschen war mutig genug, in den Keller hinabzusteigen und den Drachen um Feuer zu bitten.

„Na gut, dann mach ich das eben selbst!", dachte die Prinzessin bei sich. Vor Drachen hatte sie nämlich keine Angst. Also stieg sie die Treppe zum Keller hinab. Von Stufe zu Stufe wurde es finsterer. Aber was war das? Dort hinten, am Ende des Kellers, flackerte immer wieder Licht auf.

„Das muss der Drache sein!", dachte die Prinzessin und nahm ihren ganzen Mut zusammen. Schritt für Schritt lief sie in die Dunkelheit hinein.

Ja, da lag der Drache. Er schlief tief und fest. Dabei schnarchte er laut und jedes Mal, wenn er schnarchte, kamen kleine Stichflammen aus seinen Nasenlöchern. Plötzlich schreckte der Drache hoch und schaute die Prinzessin erstaunt an.

„Was willst du hier?", rief er und fauchte, dass die Flammen
nur so aus seinem Maul herausschossen.
Die Prinzessin staunte. „Du kannst aber toll Feuer
machen!", sagte sie. „Stark! Mach das doch noch mal!"
Der Drache fühlte sich geschmeichelt und spuckte eine
besonders schöne Flamme. Immer wieder zeigte er der
Prinzessin seine Feuerkünste. Er konnte riesige Feuerbälle
speien, winzig kleine Funken sprühen und sogar richtige
Feuerkringel aus seiner Nase steigen lassen. Da fragte die
Prinzessin den Drachen, ob er ihr nicht dabei helfen wolle,
die Kerzen im Schloss wieder anzuzünden. Der Drache
strahlte. Er hatte schon lange davon geträumt, das Schloss
zu besichtigen.
Und so kam es, dass der Drache mit der Prinzessin
hinaufstieg und die Kerzen im Schloss anzündete. Auch
jene am Weihnachtsbaum. Er bekam einen Ehrenplatz

am Kamin und konnte so das Feuer immer wieder
anpusten. Zur Belohnung erhielt er eine ganze Badewanne
voller Schokopudding und andere Dinge, die Drachen
so mögen. Und da die Prinzessin sich durch den finsteren
Keller gewagt hatte, musste sie seit diesem Tag nie
wieder Angst in der Dunkelheit haben.

DIE SACHE MIT DEN SCHUHEN

„Meine Schuhe stell ich raus, denn bald schon kommt der Nikolaus", singt Paul, während er fröhlich seine geputzten Stiefel vor die Wohnungstür stellt.

„Morgen wird der Nikolaus bestimmt leckerste Schokolade vorbeibringen", hofft Paul. Süßigkeiten mag er doch soooooo gerne! Da hat er plötzlich eine Idee.

„Ein Paar Schuhe ergibt zweimal Süßigkeiten. Aber wenn ich zehn Paar Schuhe rausstelle", überlegt er, „ähm, kriege ich … warte mal, zehn mal zwei … das sind zwanzigmal Süßigkeiten! Juhuu!"

Schnell läuft Paul zurück in die Wohnung und schnappt sich alle Schuhe, die er finden kann: seine alten Turnschuhe, die Stiefel von seiner großen Schwester Alva, ihre Schlittschuhe, die Wanderschuhe von Mama, die schicken Lederschuhe und die Gartenarbeitsschuhe von Papa und sogar seine Badelatschen. In der Rumpelkiste in der Besenkammer findet er auch noch zwei paar alte Schuhe, die seine Eltern getragen haben, als sie noch jung waren. Und selbst die Babyschuhe seiner kleinen Schwester Lia trägt Paul vor die Tür. All diese Schuhe stellt er ordentlich in einer Reihe auf – ganze zehn Paare. Abends kann er gar nicht richtig einschlafen, so aufgeregt ist er.

Als er am nächsten Morgen aufwacht, stürmt Paul sofort
aus der Wohnung. Doch, oh Schreck! Kein einziger Schuh
ist mehr zu sehen! Wo sind die ganzen Schuhe hin?
Auch die Nachbarskinder Ida und Alexander stehen
verwundert vor ihrer Tür:
„Unsere Schuhe sind verschwunden! Und unser Hund Pepe
auch!"
Paul schüttelt ungläubig den Kopf. Doch da hört er ein
Bellen aus dem Keller.
„Kommt mit!", ruft Paul und stürmt die Treppe hinunter.
Und richtig! Im Keller sitzt Pepe vor einem riesigen Haufen
Schuhe.
„Boa, so viele Schuhe hat Pepe noch nie geklaut!", sagt Ida
beeindruckt. Auch Alexander staunt.
In fast allen Schuhen steckt ein Schokoweihnachtsmann,
eine Tafel Schokolade oder ein Säckchen mit Nüssen.
Nur in Pauls Badelatschen klemmt ein Schokoosterhase!
Nanu, wo der wohl herkommt?

DER WEIHNACHTSHASE

Gemütlich liegt der Osterhase in seinem Liegestuhl am Strand der Osterinsel und knabbert eine besonders leckere Karotte. Er hat gerade nicht besonders viel zu tun. Bald ist Weihnachten und im Winter wollen die Kinder einfach keine Eier suchen, wenn überall Schnee liegt. Und sie bauen auch keine Nester, die der Osterhase mit Süßigkeiten füllen könnte. Deshalb ist ihm ganz schön langweilig.

Als er so auf die Wellen blickt, die weiße Schaumkronen bilden, hat er plötzlich eine Idee! Er springt auf, läuft in sein Haus und packt sich einen großen Bund Karotten als Verpflegung ein. Dann ruft er sich mit seinem Ei-Fon eine Fähre und fährt damit von der Osterinsel aufs Festland. Dort hoppelt er eine lange, lange, lange Strecke immer weiter Richtung Norden. Er hoppelt bis hinter den Horizont und noch viel weiter.

Am nächsten Morgen klopft er an die Haustür eines großen, alten Holzhauses. Ein älterer Herr mit weißem Bart öffnet die Tür.

„Der Osterhase, was für eine schöne Überraschung! Willkommen am Nordpol, mein langohriger Freund!", begrüßt ihn der Weihnachtsmann lachend.

„Ich möchte dir gerne bei den Weihnachtsarbeiten helfen!", sagt der Osterhase und wird ein klein wenig rot.

„Oh, da freue ich mich aber!", antwortet
der Weihnachtsmann. „Ich bin dieses
Jahr ganz schön im Stress, da kann ich
jede Unterstützung gebrauchen.
Komm rein, mein Guter!
Du kannst den Elfen zur Hand
gehen und die Geschenke in
Säcke packen. Ich muss noch
mal mit dem Rentierschlitten
los und die Wunschzettel der
Kinder einsammeln."
Der Osterhase nickt und
macht sich direkt an die Arbeit. Er ist richtig fleißig, füllt
jeden Sack randvoll mit Geschenken und bindet ihn dann
mit einem Schleifchen zu.
Als der Weihnachtsmann wiederkommt, um die
Geschenkesäcke abzuholen, springt der Osterhase ihm
freudig entgegen. Doch der Weihnachtsmann sieht ganz
blass aus.

„Mir ist etwas komisch. Und schwindelig ist mir auch",
schnieft er. „HATSCHI!"
„Nanu, du siehst ja gar nicht gut aus. Hast du dich
erkältet? Ich glaube, du brauchst ein wenig Erholung, alter
Freund! Wie wäre es, wenn du mal in meinem Haus auf der
Osterinsel etwas Urlaub machst? Ich vertrete dich solange."
„Oje, meinst du denn, das geht? Glaubst du, du kannst
mit meinem Turboschlitten umgehen?", grübelt der
Weihnachtsmann.
„Na klar, schließlich bin ich der Osterhase! Rutsch mal auf
die Beifahrerseite!"
Der Weihnachtsmann rückt beiseite. Mit den Zügeln
in den Pfoten ruft der Osterhase: „Hüaaaa, meine lieben
Rentiere!"

Der Schlitten beschleunigt, hebt ab und saust blitzschnell über die Wolken. Wie eine Sternschnuppe fliegen sie durch den abendlichen Sternenhimmel.

Es dauert nicht allzu lange, da bremst der Osterhase den Schlitten ab und landet auf dem weißen Sandstrand der Osterinsel.

„Willkommen in meiner Heimat, lieber Kollege Weihnachtsmann! Da hinten ist mein Haus und davor eine schöne Liege, erhol dich gut! Hier hast du eines meiner Ei-Telefone, damit kannst du mich jederzeit anrufen, wenn ich dich abholen soll."

Der Weihnachtsmann steigt vom Schlitten und atmet tief ein. „Ach, bei dieser schönen warmen Meeresluft geht's mir gleich ein bisschen besser!", sagt er noch und winkt dann dem Osterhasen hinterher, der mit seinem Schlitten schon wieder in den Himmel steigt.

So kam es also, dass in diesem Jahr die Kinder, die an Heiligabend aus dem Fenster schauten, einen großen Hasen auf dem Schlitten um die Welt sausen sahen. Und einige Kinder wunderten sich auch über eine angeknabberte Karotte zwischen ihren Weihnachtsgeschenken.

Das Schlittengeschenk

„Es schneit! Es schneit!", ruft Emil. „Marie, schau mal, es schneit!" Aus ihrem Fenster können die Kinder beobachten, wie die Flöckchen lustig durch die Luft wirbeln. Die Tannen im Garten sehen aus, als wären sie mit Zuckerguss überzogen. So schnell es geht, ziehen Emil und Marie sich an. „Papa, Papa, Mama, Mama, kommt mit raus, es schneit!", rufen die Kinder. Die Eltern lachen und auch sie ziehen sich warme Sachen an: dicke Jacken, Handschuhe, Mützen und natürlich auch Schals. Fröhlich verlässt die Familie das Haus und stürmt in den Vorgarten. Doch was ist das? Vor dem Haus steht ein langer Schlitten mit einer großen roten Schleife. Einer, auf dem alle Platz haben.

„Nanu?", wundert sich Mama.

„Nanu?", wundert sich auch Papa.

„Das ist wohl ... ein Geschenk!“, rufen die beiden Kinder gleichzeitig.

„Na dann“, lacht Papa, „lasst uns Schlitten fahren!“ Gemeinsam schieben und ziehen sie den Schlitten den Berg hinauf.

Und dann geht es los. Marie, Mama und Papa setzen sich hintereinander auf den Schlitten. Und ganz vorne sitzt der kleine Emil. Papa schiebt ein wenig mit den Füßen an und schon saust die Familie auf dem neuen Schlitten den Berg hinab. Was für ein Spaß!

Doch dann macht es plötzlich RATSCH.

„Was war das?“, ruft Mama.

Papa lacht. „Ich glaube ... haha ... das war meine Hose!“ Und tatsächlich! Als sie wieder unten angekommen sind, staunen alle nicht schlecht. Papa hat einen großen Riss in der Hose, genau am Po. Er ist so groß, dass sogar seine Unterhose rausschaut.

„Da hat wohl jemand zu viele Weihnachtsplätzchen gefuttert!“, sagt Mama lachend.

„Na dann, ab nach Hause!“

„Und der Schlitten? Wir wollen doch noch mal Schlitten fahren!“, rufen die Kinder.

„Morgen wieder!“, sagt Papa.

„Aber dann mit einer stabileren Hose!“, ergänzt Mama.

Ach, wenn es doch nur schon morgen wäre ...

Freitag, der 13.

„Klingelingeling! Klingelingeling!", macht der Wecker auf dem Nachttisch. Zuerst blinzelt der Weihnachtsmann nur, dann öffnet er die Augen. Schnell schaltet er den Wecker aus und schaut aus dem Fenster. Friedlich sieht es draußen aus. Wie immer, wenn der Schnee sanft über der Landschaft liegt und die Sonne hinter dem Weihnachtswald aufgeht. „Ho, ho, ho, hoffentlich wird das heute wieder so ein wunderschöner Tag wie gestern", denkt er sich, steht auf, geht zum Kalender an der Wand und reißt das oberste Blatt ab. Plötzlich wird er kreidebleich. „Oje, auwei, ach Himmel!", stöhnt er, denn der Kalender zeigt: Es ist Freitag, der 13.! „Heilige Schneeflocke! An diesem Tag soll man doch angeblich Pech haben! Aber zum Glück ist der Weihnachtsmann auf alles vorbereitet! Ich werde es diesem Freitag dem 13. schon zeigen!"
Er öffnet seine Notfallkiste für schlechte Tage, greift sich einen gelb-roten Schutzhelm mit Bommel dran und setzt ihn auf. Dann krabbelt er vorsichtig auf allen vieren ins Bad, damit er nicht hinfallen kann.

Nachdem er sich gewaschen und die Zähne geputzt hat, zieht er sich an: Weihnachtshose und Weihnachtsjacke, dazu noch Knie- und Ellenbogenschoner. Damit ihm nichts passiert, versteht sich. Dann geht er auf Zehenspitzen vor die Haustür und öffnet den Briefkasten. Schnell schnappt er sich die neueste Ausgabe der Nordpol-Nachrichten und steckt sie in seine Manteltasche. Denn zu einem guten Frühstück gehört auch eine gute Zeitung.

Plötzlich kommt ein Windzug und – PENG – knallt die Haustür zu. Oh nein! Der Schlüssel liegt im Haus!

„Na warte, dann steige ich eben durch den Schornstein wieder ein, schließlich bin ich ja der Weihnachtsmann!"

Er will gerade an der Dachrinne hochklettern, da entdeckt
er, dass das Badezimmerfenster offen steht.

„Da habe ich ja noch mal Glück im Unglück!", denkt sich
der Weihnachtsmann. Vorsichtig stapft er in seiner Schutz-
ausrüstung durch den Schnee zum offenen Fenster. Plötzlich
wird es ganz feucht und kalt an seinen Füßen. „Na so was!
Ich trage ja noch meine Pantoffeln!", staunt er.

Als er endlich am Badezimmerfenster angekommen ist,
zieht er sich am Fensterrahmen hoch. Doch dann verliert er
das Gleichgewicht und – PLUMPS – fällt er vornüber ins

Badezimmer hinein. Direkt in die Badewanne. Er versucht noch, sich festzuhalten, erwischt mit der einen Hand den Duschvorhang, mit der anderen den Wasserhahn, und die Dusche springt an. Wild spritzt das kalte Wasser durch die Gegend. Und der Weihnachtsmann? Der wird patschnass! Genau in diesem Moment klingelt es an der Haustür. Etwa eine Minute später öffnet der Weihnachtsmann völlig durchnässt die Türe. Vor ihm steht Wichtel Kunibert.

„Hey, Chef, was ist los? Kommst du nicht mit zu Frau Holle? Die macht doch samstags immer so leckere Vanilleknödel!"

„WAS? Es ist Samstag?", ruft der Weihnachtsmann überrascht. „Das kann nicht sein! Es ist doch Freitag, der 13.!" Aufgeregt holt er die Zeitung aus seiner Manteltasche. Sie ist noch ganz nass von der unfreiwilligen Dusche. Aber tatsächlich! Da steht es klar und deutlich auf dem Titelblatt: Samstag, der 14. Dezember. Unfassbar! So viel Pech an einem ganz gewöhnlichen Tag. Und alles nur, weil der Weihnachtsmann doch glatt das Datum verwechselt hat. Wozu Aberglaube alles führen kann …

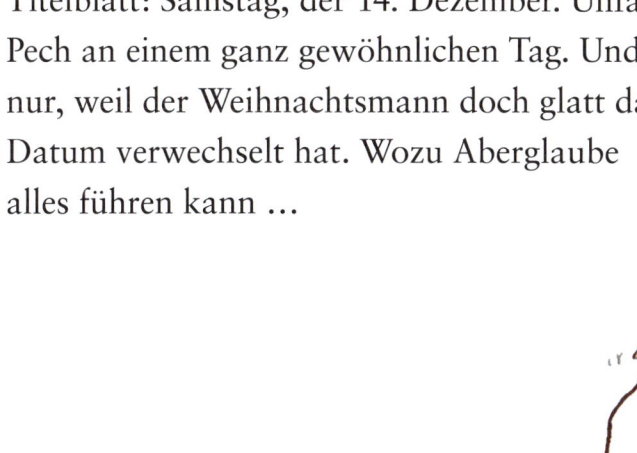

DER SÜßIGKEITENDIEB

„Oh nein! Nicht schon wieder!" Geschockt starre ich auf die leere Schublade. Mein kleiner Bruder, Benni heißt er, hat schon wieder alles aufgefuttert. MEINE Süßigkeiten. Ich weiß nicht, wie er das macht, aber er findet jede Schokolade, egal wie gut Mama, Papa oder ich sie versteckt haben.

Einmal habe ich zu Nikolaus ein ganzes Säckchen voll mit Süßem geschenkt bekommen: Schokoladentafeln, Weihnachtsmänner, Kekse und ein Glückskleeblatt aus Marzipan. Ganz heimlich habe ich alles in meiner Kommode versteckt. In der dritten Schublade von oben. Unter meinen Socken. Aber als ich am nächsten Tag von der Schule nach Hause kam und nachgesehen hab, war ALLES aufgefuttert. Bis auf ein paar Kekskrümel. Beim Abendessen hat Benni mich noch so frech angegrinst, als Mama ihn gefragt hat, warum er keinen Hunger hat. Der miese, fiese Schokoladendieb!

Ein anderes Mal hat mir meine Patentante Marlene eine Schachtel mit ganz vielen Süßigkeiten geschenkt. Und dazu eine Haarbürste und ein kleines Schweinchen aus Seife. Die meisten Süßigkeiten habe ich gleich aufgegessen, damit Benni sie mir nicht wieder wegfuttert. Aber ein paar hatte ich noch übrig. Die habe ich in meine Schublade gelegt. Und das Seifenschweinchen dazu. Es war rosa, mit einer kleinen

48

Schnauze, winzigen Dreiecksohren und sogar einem kleinen Ringelschwanz. Es war so mattrosa, man hätte glatt glauben können, es wäre ein Marzipanschweinchen …

Als ich am nächsten Tag nach der Schule in mein Zimmer wollte, kam mir plötzlich Benni entgegen. Er hatte einen ganz komischen Gesichtsausdruck, so hatte ich ihn noch nie gesehen. Schnell bin ich zu meiner Schublade gerannt. Oh nein! Alle meine Süßigkeiten waren wieder weg! Aber das Seifenschweinchen lag noch da! Ich nahm es in die Hand und da, wo eigentlich sein Popo mit dem Ringel-schwänzchen war, fehlte ein Stück. Man konnte sogar Zahnabdrücke darauf erkennen. Hahahaha, Benni hat doch glatt gedacht, es sei aus Marzipan, und in mein Seifen-schwein gebissen! Na, guten Appetit! Das hat er nun davon, wo er doch immer all meine Süßigkeiten wegfuttert. Zum nächsten Weihnachtsfest wünsche ich mir einen riesen-großen Weihnachtsmann. Natürlich aus Seife!

SCHÖNE BESCHERUNG

„HATSCHI! Sapperlot noch mal!", schimpft der kleine
Weihnachtswichtel. Er ist gerade dabei, Geschenke für
die Kinder einzupacken und Namensschildchen daran
festzuknoten. Da kitzelt es ihm schon wieder in der Nase.
„HAAAATSCHI!", wirbeln die Namensschildchen wild
durcheinander. „Nanu, welches Geschenk war noch mal
für wen? Ach ja, das hier war das Auto für Lucas und das
die Puppe für Mia, glaube ich. Oder?"
Ein paar Tage später unterm Weihnachtsbaum packen die
Kinder ihre Geschenke aus.
Mia hält einen knallroten, ferngesteuerten Geländewagen
in den Händen. Ihr Bruder Lucas schaut ungläubig auf die
Puppe, die er eben ausgepackt hat.
„Das kann doch nicht sein. Da stimmt doch was nicht. Das
hatte ich mir gar nicht gewünscht!" Mia steigen Tränen in
die Augen. Und Lucas wird sogar ein kleines bisschen
wütend. Was soll er nur mit einer Puppe?
Da entdeckt Mia die Puppe in Lucas' Hand. „Die ist ja toll!
Magst du vielleicht mit mir spielen?" Schnell holt Mia ihre
anderen Puppen aus ihrem Zimmer.

„Schau mal, das ist Lisa und das hier Milli." Erst zögert
Lucas, doch dann spielt er mit.
Irgendwann hat Lucas eine Idee. Er setzt die neue Puppe auf
die Ladefläche des ferngesteuerten Autos.
„Ha, toll!", ruft Mia. Sie schnappt sich die Fernsteuerung
und der kleine Geländewagen mit der Puppe dreht eine
Runde um den hell erleuchteten Weihnachtsbaum.

MONSTERWEIHNACHT

Einmal im Jahr geht die riesengroße Monsterfamilie zusammen in den Monsterwald. Der Monsterpapa, die Monstermama und das Monsterkind wollen gemeinsam einen Tannenbaum aussuchen. Der Boden bebt und die Bäume wackeln, während die Monster durch den Wald stampfen.

„Waaaaaah!", brüllt die Monstermama plötzlich. „Diese Tanne gefällt mir!"

Mit ihren Pranken umfasst sie den Stamm und – RUMMS – mit Leichtigkeit hat sie die große Tanne herausgerissen. Sie wirft sie sich über die Schulter und schon geht es wieder nach Hause in die Monsterhöhle. Dort wird der Baum geschmückt mit verrosteten Fahrrädern, alten Autoreifen und zerbeulten Verkehrsschildern. Zuletzt darf das Monsterkind noch ein altes Fass an der Spitze des Baumes anbringen. Alle freuen sich schon monster-mäßig auf Weihnachten, auf die Geschenke und besonders auf alles, was es zu futtern gibt. Und bald darauf stehen die Monster grölend um den prächtigen Tannenbaum.

Nachdem sie dreimal „Oh du Schreckliche!" gesungen haben, darf das Monsterkind endlich seine Geschenke auspacken.

„Mal schauen, was ich bekomme! Ich habe mir ja einen lebendigen Grizzlybären zum Kuscheln gewünscht und einen Schwarm Weiße Haie für mein Aquarium und ein echtes Feuerwehrauto", ruft es begeistert.

„Warst du denn dieses Jahr auch richtig frech? Sonst gibt es nämlich gar nichts zu Weihnachten!", sagt der Monster-papa und knuddelt das kleine Monsterkind wild ab.

„Aber ja doch, lieber Papa! Und ich verspreche auch

weiterhin, dass ich immer schön frech sein werde!", ruft
das Monsterkind.
„Dann darfst du jetzt dein Geschenk auspacken!"
Gespannt öffnet das kleine Riesenmonster das Geschenk:
Ein knallrotes Fahrzeug kommt zum Vorschein.
„Juhu, endlich hab ich ein Feuerwehrauto!", ruft es
begeistert.

Das Monsterkind hebt das Auto hoch und schaut es sich von allen Seiten an.

Plötzlich kurbelt jemand das winzige Autofenster runter. Ein Mensch ruft etwas heraus.

„Hey, ihr verrückten Monster, ihr könnt doch nicht einfach so ein Feuerwehrauto klauen! Wir müssen zu einem Einsatz! Es brennt!"

„Oh, nanu?", sagt das Monster und stellt das Auto vorsichtig wieder ab.

„Danke! Und ach so, frohe Weihnachten euch!", ruft der Feuerwehrmann.

„Monströse Weihnachten!", entgegnet das Monsterkind noch, da braust das Feuerwehrauto – TATÜTATA – schon mit Blaulicht und Sirene los, geradewegs aus dem Eingang der Monsterhöhle heraus.

„Na, zum Glück haben wir noch ein anderes Geschenk für dich", sagt Mama Monster lachend, „komm mal mit rüber zum Aquarium!"

Der Teig

In der Küche riecht es lecker,
hey, ihr kleinen Zuckerbäcker!
Mehl und Butter, Nüsse, Zucker,
Teig für Plätzchen macht uns Mutter.

Morgen backt sie schöne Kringel,
früh ertönt des Weckers Klingel,
für heute ist nun Schlafenszeit,
wir seh'n uns morgen, leck'rer Teig!

Doch kaum ist Mama aus der Küche,
kommt schon jemand angeschlichen.
Hey, nanu, wer ist denn da?
Ach, der Papa – wunderbar!

So viel Teig in einer Schüssel,
Papa schnuppert mit dem Rüssel.
„Wenn ich nun nasche, fällt's kaum auf,
ich mach noch Schokostreusel drauf!"

Kaum ist er aus der Küche raus,
schleicht der Nächste durch das Haus.
Sieh, der Opa kommt herein!
Ein großer Löffel soll es sein.
Sind Mamas Plätzchen noch die besten?
Ja, das muss man alles testen …

Zufrieden stapft der Opa raus,
doch auch die Kinder sind im Haus.
Nils und Elsa kommen rein,
wie kann so wenig Teig nur sein?
Der Rest wird wohl im Ofen backen.
„Los, lass uns schnell den Teig aufessen,
den hat Mama wohl vergessen."

Ein bisschen hier, ein bisschen da,
der Teig, der schmeckt so wunderbar!
Der Teig, der schmeckt, der Teig, der schmeckt
und plötzlich ist er völlig weg.

WEIHNACHTSWUNDER

Das Geheimnis des Spielzeugladens

Es sind nur noch wenige Tage bis Weihnachten. Die Menschen strömen in Scharen durch die Stadt und kaufen Weihnachtsgeschenke. Auch im Spielzeugladen: Puppen, Teddybären, Actionfiguren, Bauklötze, Autos, Eisenbahnen, Flugzeuge – alles, was das Kinderherz begehrt, ist hier zu finden. Doch was geschieht mit dem Spielzeug, das nicht dafür ausgewählt wird, unterm Weihnachtsbaum zu liegen? Was wird aus dem Spielzeug, das niemand kauft? Ganz einfach – wenn die Ladenbesitzer ihre Läden schließen, passiert es ...

Der etwas verstaubte Teddybär mit der Polizeiuniform bewegt sich plötzlich und pustet in seine Trillerpfeife. „Uns will keiner haben! Aber wir haben uns!", ruft der alte Stoffelefant vom Regal gegenüber.

Auf einmal bewegen sich immer mehr Spielsachen. Nanu, was machen die Figuren denn da? Sie springen aus den Regalen und beginnen mit ihren Vorbereitungen!

Die Actionhelden kaufen im Kaufmannsladen Zutaten und backen im Spielzeugofen leckere Plätzchen. Die kleinen Trolle kommen aus der hintersten Ladenecke und decken den Tisch mit dem besten Puppengeschirr. Die Stofftiere und die Dinosaurierfiguren vom Wühltisch stellen sich in einer Reihe neben dem Christbaum auf. Und auch die Puppen springen vom Regal. Endlich geht es los:

Gemeinsam singen alle die schönsten Weihnachtslieder, tanzen um den Baum und schmausen die leckersten Köstlichkeiten. Es wird ein wildes, fröhliches Fest, das bis tief in die Nacht dauert!

Und wenn nach den Feiertagen die Ladenbesitzer ihre Geschäfte wieder aufschließen, merken sie nichts von alledem, so gut haben die Spielsachen gemeinsam aufgeräumt. Nur wer genau hinschaut, wundert sich vielleicht, warum der Stoffelefant plötzlich eine Polizeimütze trägt.

DAS WUNDER IM VORGARTEN

Gerade proben die Weihnachtsengel für ihre himmlischen
Chöre. Die ertönen immer dann, wenn auf der Erde ein
Wunder geschieht oder wenn jemand aus dem Himmel mal
einen besonderen Auftritt hinlegen will. Dann schalten
die Elektrik-Engel die Wolkenscheinwerfer an und
zum Klang der himmlischen Chöre erstrahlt auch
noch himmlisches Licht.

Heute werden die Engel allerdings den siebenjährigen
Zwillingen Lucy und Malea eine Lobeshymne singen und
ihnen himmlisches Licht und himmlische Musik schicken.
Damit sie für ihren Mut und ihr Mitgefühl belohnt
werden. Denn gestern haben Lucy und Malea eine gute Tat

vollbracht. Die Zwillinge haben einer älteren Dame über die vereiste Straße geholfen und ihr die Einkäufe getragen. Gleich ist es so weit: Im Moment spielen Lucy und Malea mit ihrem Dackel Leonardo im Vorgarten.

Die Elektrik-Engel auf Beleuchtungswolke 7 warten auf das Zeichen. Sie sind wie immer schon ganz aufgeregt. Als der Chef-Engel ihnen zunickt, schalten sie die Lampen an.

ZACK – schon erstrahlt unfassbar helles, himmlisches Licht aus den Wolken heraus. Drei Stockwerke tiefer befinden sich die Chormitglieder auf einer Wolkenbühne. Und nun zieht einer der Technik-Engel den Wolkenvorhang auf. Die wunderschönen Gesänge der Weihnachtsengel ertönen.

„Daaaaaanke, dass ihr den Muhuhuhuhut hattet, der Daaaaame zu hehehehelfen", singen die Engel in den schönsten Tönen.

Lucy und Malea staunen, dann strahlen sie über das ganze Gesicht. Leonardo, ihr kleiner Hund, hat sich hinter ihnen verkrochen und lugt neugierig hervor. Doch plötzlich geschieht auf der Beleuchtungswolke 7 ein Missgeschick. Einer der Elektrik-Engel hat nicht

aufgepasst. Er
stößt mit dem Fuß gegen seine Thermoskanne mit Wichteltee. Sie fällt um und rollt
von der Wolke hinunter ... und fällt und fällt ...
immer schneller Richtung Erde – genau auf das
Haus der Zwillinge zu. OH NEIN! Erschrocken
starren die Engel der Thermoskanne hinterher. Vor
Schreck kann sich niemand bewegen.

Im selben Augenblick nimmt einer der Weihnachtsengel
Anlauf, springt von der Wolkenbühne und saust Richtung
Erde hinab. Er legt die Flügel ganz eng an, damit er noch
schneller wird. Wie ein Pfeil schießt er vom Himmel. Und
tatsächlich, kurz bevor die Thermoskanne in den Vorgarten
der Zwillinge fällt, greift sich der Engel die Mädchen
und den Hund und zieht sie zur Seite. Mit einem lauten
KRACH, SCHEPPER landet die Thermoskanne im
Vorgarten.

Erst blicken Lucy und Malea die zerbeulte Thermoskanne
an. Dann drehen sie sich um und betrachten staunend den
Weihnachtsengel.

„Oh, danke, dass du uns gerettet hast!", ruft Lucy.

„Wir wussten gar nicht, dass ihr Weihnachtsengel so was könnt!", ergänzt Malea.
Der Weihnachtsengel wird ganz rot. Dann lächelt er schüchtern: „Na ja, also … bevor ich da oben im Chor als Sänger angefangen habe, habe ich eine Ausbildung zum Schutzengel gemacht."

SCHNEEZAUBER

Nicki schaut sehnsüchtig aus dem Fenster. „Mama, Papa, wann schneit es denn endlich?"
„Ich weiß es auch nicht", sagt Papa. „Im Radio haben sie heute gesagt, dass es bald Schnee geben soll. Vielleicht haben sie sich geirrt."

„Aber ich will unbedingt Schnee! Dann können wir Schlitten fahren und einen Schneemann bauen. Bitte, Mama, bitte, Papa, macht, dass es schneit!"

Mama setzt sich zu Nicki und erklärt: „Wir können leider nicht machen, dass es schneit, mein Engel! Das tut die Natur von alleine. Es muss nur richtig kalt sein und auch noch regnen, sodass das Wasser in den Wolken gefriert und sich Schneeflocken bilden. Und die fallen dann auf die Erde." Mama überlegt einen Moment. „Komm, wir gehen ein bisschen spazieren, das bringt dich vielleicht auf andere Gedanken!"

Immer wieder schaut Nicki in den Himmel, als sie die Straße hinunterlaufen. Ganz grau sieht alles aus. Die Bäume sind kahl, das Laub ist heruntergefallen und liegt in den Gärten und auf den Gehwegen. Ach, der Winter wäre doch viel schöner, wenn es überall weiß wäre. Wenn es doch nur schneien würde!

Zusammen laufen Nicki und Mama die Hauptstraße entlang. Alle Geschäfte sind weihnachtlich geschmückt und beleuchten die Straße. Da entdeckt Nicki etwas in einem Schaufenster: „Mama, guck mal!"

Mama lächelt. Und schon hat Nicki die Ladentür geöffnet. In dem Geschäft gibt es viele alte Dinge, Möbel aus anderen Zeiten, bunte Vasen, alte Radios, Schallplattenspieler und glänzende Uhren.

„Wie kann ich Ihnen helfen?", fragt ein freundlicher älterer
Herr mit einer dicken Brille.
„Mein Kind hat etwas in Ihrem Schaufenster entdeckt!",
antwortet Nickis Mama.
„Die Glaskugel da, mit dem kleinen Häuschen drin und
ganz viel Schnee", flüstert Nicki.
Der Verkäufer lächelt und sagt: „Ja, das ist eine Schnee-
kugel! Die ist schön, nicht wahr?"
Vorsichtig nimmt Nicki sie in die Hand und schüttelt sie.
In der Kugel wirbelt alles durcheinander, es herrscht ein
richtiger kleiner Schneesturm.

Als Nicki aufschaut, traut sie ihren Augen kaum. Vor dem Schaufenster fallen dicke, weiche Flocken auf die Straße. Erst nur wenige, aber dann immer mehr. Und schon bald bilden die Schneeflocken eine dünne, weiße Decke auf dem Bürgersteig.

„Schau mal, Mama!", sagt Nicki glücklich. „Vielleicht haben wir heute doch gemacht, dass es schneit."

Das flinke Lebkuchenmännchen

Es ist kurz vor Weihnachten. Alina und ihr Papa wollen dieses Jahr einmal selbst Lebkuchen backen. Im Supermarkt haben sie alle Zutaten gekauft und nun stehen sie in der Küche, schmelzen die Butter und rühren den Zucker unter. Dann ein bisschen Lebkuchengewürz hinzu und etwas Milch. Durch die Milch wird der Teig schön flüssig. Papa pfeift eine fröhliche Weihnachtsmelodie, während Alina die Lebkuchenmännchen-Backform mit Butter einfettet. Und schon kommt die Form mit dem Teig in den Backofen. Weil Alina so aufgeregt ist, setzt sie sich vor das Ofenfenster und sieht dem Teig zu, wie er gebacken wird. Das Lebkuchen-männchen wird immer brauner und knuspriger.

„Pass gut auf, dass der Teig nicht anbrennt", sagt Papa. Nicht eine Sekunde schaut Alina weg. Und schon bald ist es so weit. Papa nimmt die Topflappen und zieht das Blech aus dem Ofen heraus.

Wie lecker das Lebkuchenmännchen duftet! Alina fühlt ein
Grummeln und ein Brummeln im Bauch und ihr läuft das
Wasser im Mund zusammen.
„Wir müssen noch warten, bis der Lebkuchen abgekühlt
ist!", sagt Papa und stellt das Blech auf die Herdplatte.
Doch da! Was war das? Hat das Lebkuchenmännchen nicht
eben geblinzelt und Alina angegrinst?

Alina wird etwas nervös. Keinen Moment lässt sie das Lebkuchenmännchen aus den Augen, während Papa im Esszimmer den Tisch deckt. Und da passiert es! Alina traut ihren Augen nicht, als das Männchen langsam die kleinen Arme aus der Lebkuchenform löst und sich streckt. Dann gähnt es und grinst sie wieder an. Und mit einem Hops springt es auf, läuft flink über die Arbeitsplatte und verschwindet aus dem Küchenfenster, das einen Spalt offen steht. Alina rennt schnell hinaus in den Garten, doch von dem Lebkuchenmännchen ist nichts mehr zu sehen.
Alinas Papa dachte natürlich, seine Tochter hätte das Lebkuchenmännchen ganz alleine aufgefuttert, aber er war ihr nicht böse, sondern aß einfach etwas anderes.

Und wer weiß, wenn du beim Lebkuchenbacken zuschaust und es schaffst, nicht ein einziges Mal wegzusehen, dann wird das Lebkuchenmännchen vielleicht auch bei dir lebendig. Du musst nur daran denken, das Küchenfenster zu schließen, dann hast du in dem Lebkuchenmännchen vielleicht einen neuen Freund gefunden.

WÜSTENSCHNEE

„Es ist ganz schön kalt heute", bemerkt Mustafa. Er
und sein Freund Kalil reiten auf ihren Kamelen durch die
ägyptische Wüste. Da zieht am Horizont eine dunkelgraue
Wolke auf. Immer schneller bedeckt sie den Himmel,
sodass die Sonne schon fast völlig verschwunden ist.
„Ich glaube, ein Sturm kommt auf!", sagt Kalil, während er
sich seine Kapuze über den Kopf zieht. „So eine dunkle
Wolke habe ich hier in der Wüste noch nie gesehen. Lass
uns schnell zur Oase reiten! Folge mir!"
Die beiden Beduinen treiben ihre Kamele über eine riesige
Düne. Der Wind wird immer stärker und peitscht ihnen
den Sand ins Gesicht.
„Gut, dass du dich in dieser Gegend auskennst", sagt
Mustafa, als sie bei der Oase ankommen. Sie führen die
Kamele zur Wasserstelle und lassen die Tiere trinken.
Plötzlich zuckt Kalil zusammen. „Beim Barte des
Propheten, was ist das denn?"
Eine Schneeflocke ist auf seiner Nasenspitze gelandet
und schmilzt jetzt langsam. Immer mehr weiße Flocken
fallen vom Himmel herab. Die beiden Beduinen staunen.
Mustafas Blick fällt auf den kleinen See. Auf seiner
Oberfläche bilden sich Eiskristalle und schon bald ist
er spiegelglatt gefroren. Und kurze Zeit später liegt rund
um die Oase weißer Schnee!

Elf Kilometer höher, auf der Weihnachts-
wetterwolke 27, streiten sich zwei Kobolde:
„Bist du dir sicher, dass das der Dorfteich
von Biebertal im Schwarzwald ist? Da unten
stehen lauter Palmen und ich sehe nur Sand!"
„Ja, die Koordinaten haben wir genau so vom Haupt-
quartier bekommen! Und guck mal, hier auf der Karte!
Der Wasserfleck da ist der See!"
„Lass mich mal schauen! Warte mal, he, du hältst die
Karte verkehrt herum! Wir sind bestimmt völlig falsch, wir
müssen wieder zurück in den Norden!"
„Ups, dann treten wir besser mal in die Pedale."
Langsam zieht die Wolke weiter, und auch über der Oase
kommt wieder die Sonne durch. Die Schneeflocken in der
Luft werden durch die warmen Sonnenstrahlen zu einem
leichten Nieselregen. Und über der zugeschneiten Oase ist
ein wunderschöner Regenbogen zu sehen.

Der magische Wetterglobus

Der Weihnachtsmann steckt noch einmal kurz seinen Kopf in die Weihnachtswerkstatt und winkt. „Tschüsschen! Ich gehe jetzt zum Kaffeetrinken mit meiner Oma. Ich bin dann so lange mal vom Winde verweht … also, ich mach dann mal die Schneeflocke. In zwei Stunden komme ich wieder reingeschneit! Und lasst die Finger von den zerbrechlichen Sachen! Vor allem vom magischen Wetterglobus! Der ist nichts für kleine Elfen! Da dürfen nur ausgebildete Weihnachtsleute ran!"

„Äh, natürlich, Chef!", schallt es aus der Werkstatt. RUMMS fällt die Tür zu und der Weihnachtsmann ist verschwunden.

„Gut, dann machen wir mal Pause!", freuen sich die
kleinen Weihnachtselfen.

Nur Frostolin, der kleinste der Weihnachtselfen, bleibt in
der Werkstatt zurück.

„Das ist meine Chance! Heute kann ich mal allen beweisen,
wie gut ich putzen kann! Ich werde den Chef überraschen
und die gesamte Weihnachtswerkstatt blitzblank putzen!
Bei allen Schneeflocken, hier wird es glänzen wie nie
zuvor!", denkt er, greift sich einen Putzlappen und fängt an,
die Werkstatt zu säubern.

Zuerst wischt er den großen, hölzernen Tisch, an dem der
Weihnachtsmann die Wunschzettel liest. Danach klettert er
auf das Regal mit den Weihnachtsbüchern und staubt es ab.
Schließlich steht er vor dem magischen Wetterglobus, einem

riesigen Ball aus blauem Glas, so groß und schwer, dass ihn drei Eisbären reintragen mussten. Die Kontinente, Städte und Dörfer auf dem Globus sind aus Bronze auf der Oberfläche aufgebracht. Jeder noch so kleine Ort auf der Welt ist auf diesem Globus zu finden.

„Ok, den soll ich ja nicht anfassen, hat der Weihnachtsmann gesagt, aber nanu, was ist denn das?" Frostolin entdeckt ein paar Staubkörnchen auf dem Globus. Genau da, wo Ägypten ist! „Das geht ja nun gar nicht." Schnell wischt er den Staub weg und drückt dabei ziemlich fest mit dem Lappen auf die bronzene Weltkarte. Plötzlich leuchtet genau diese Stelle auf. Eine Computerstimme ertönt: „Befehl wird ausgeführt! Wetterwolke 27 wurde losgeschickt. Schneefall wird aktiviert. Schneemenge: maximal. Ort: Ägypten, Kairo und Umgebung."

„Oje, was hab ich nur gemacht?" Verzweifelt versucht Frostolin, den Globus anzuhalten, und drückt überall auf die Weltkarte, doch vergeblich. Immer mehr Orte leuchten auf und Befehle werden aktiviert. Der Globus leuchtet und blinkt wie wild und die Stimme sagt: „Sämtliche Wetterwolken wurden losgeschickt." Und dann zählt sie immer mehr Orte auf: „Hongkong, Neapel, Rio de Janeiro, Hintertupfingen, Vorderkleebach, Unterkacka, Oberursel …" Große und kleine Orte, bekannte und weniger bekannte.

An diesem einen Tag schneite es fast auf der ganzen Welt. Sogar in der Wüste fiel Schnee. Zumindest so lange, bis der

Weihnachtsmann in die Weihnachtswerkstatt stürmte und den Wetterglobus stoppte. Und der kleine Frostolin bekam für lange, lange Zeit ein strenges Putzverbot. Dafür darf er seitdem mit dem Weihnachtsmann gemeinsam die Orte aussuchen, an denen es schneien soll.
Wenn du dir Schnee wünschst, schreib doch Frostolin einfach mal einen Brief!

Der verlorene Handschuh

„Früher, als ich noch ein Kind war",
erzählt Opa, „habe ich am Sonntag mit
meinen Eltern immer einen Ausflug gemacht.
Wir schauten uns alte Burgen und Schlösser an, besuchten
Konzerte, gingen schwimmen oder ins Museum. Meiner
Mutter fiel immer etwas ein. Manchmal war es etwas
langweilig, aber meistens war es sehr schön. Doch dieses
eine Mal, es war kurz vor Weihnachten, passierte etwas
ganz Besonderes. Wir schlenderten über einen Flohmarkt,
wo es vieles zu sehen gab. Alles Mögliche wurde dort zum
Verkauf angeboten: Spielsachen, Bücher, altes Porzellan,
Besteck, Kleidung, Puzzles, Gemälde. Es war ein ziemlich
kalter Tag, deswegen trug ich meine flauschige himmelblaue
Wollmütze mit den passenden himmelblau-weiß gestreiften
Handschuhen.
Ich hatte mir gerade alte Zinnfiguren angesehen, während
meine Mutter mit meinem kleinen Bruder eine Toilette
suchte, da bemerkte ich, dass mein linker Handschuh
verschwunden war. Ich sah mich überall um, suchte auf
dem Boden, aber von meinem Handschuh war nirgendwo
etwas zu sehen. Ich fragte also die Verkäuferin am Stand,
ob sie meinen Handschuh zufällig gefunden hätte. Die
Dame sah mich an, lächelte merkwürdig und zeigte auf ein
altes Gemälde.

„Dieses Bild hat einst das Wohnzimmer von Maximilian von Schneeheim geschmückt. Er war ein freundlicher Graf, der vor Hunderten von Jahren über diese Ländereien geherrscht hat."

„Nein, nein, ich möchte kein Bild kaufen!", erklärte ich, obwohl es sehr hübsch war. Es zeigte ein Wohnzimmer mit einem Kamin, einem Weihnachtsbaum und vielen Geschenken. Die Kerzen schienen fast zu flackern. Und vor dem Kamin lag ein himmelblau-weiß gestreifter Handschuh. MEIN Handschuh. Ich konnte es kaum glauben und starrte das Bild an. Plötzlich wurde es mir wohlig warm. Ich hörte das Knistern im Kamin und roch den Nadelduft des Tannenbaums. Sogar ein Glöckchen konnte ich bimmeln hören. Erstaunt blickte ich mich um. Ich stand direkt vor dem Kamin aus dem Weihnachtsbild! Schnell griff ich zu meinem Handschuh. Im selben Moment legte sich eine Hand auf meine Schulter.

„Ach, hier bist du, mein Schatz!", sagte meine Mutter. „Was für ein hübsches Bild! Nur leider zu teuer. Komm, wir gehen nach Hause, langsam wird es doch etwas kalt." Verdutzt warf ich noch einen letzten Blick auf das merkwürdige Gemälde und die Verkäuferin, die mir geheimnisvoll zuzwinkerte. Der Handschuh auf dem Bild war verschwunden …

DIE FANTASTISCHE REISE DES WEIHNACHTSMANNES

Opa Krause ist gerade dabei, den Schnee in seiner Einfahrt wegzuschippen, da hört er ein fröhliches „Holladiho! Platz da!".

Nanu? Staunend blickt Opa Krause dem Weihnachtsmann auf Winterskiern hinterher.

„Wie kommt es denn, dass der Weihnachtsmann auf Skiern durch die Straßen saust? Er hat doch eigentlich seinen Weihnachtsschlitten, der von Rentieren gezogen wird!"

Das ist eine gute Frage. Es gibt aber eine ganz einfache Erklärung: Seit gestern ist der Schlitten des Weihnachtsmanns zur Reparatur in der Werkstatt. Deshalb hat er seinen Rentieren auch freigegeben. Also nahm er heute

Morgen seinen Sack mit den Geschenken und ging rüber
zu seinem alten Schuppen. Dort steht sein Weihnachts-
hubschrauber, den er sich vor ein paar Jahren gekauft hat.
Er warf die Geschenke in die Kabine und öffnete das
Scheunendach. Dann setzte er seine Mütze ab, seinen
Pilotenhelm auf und startete den Motor. Der Rotor fing
an, sich zu drehen, und der Hubschrauber hob ab in den
winterlichen Himmel. Fleißig verteilte der Weihnachtsmann
so seine Geschenke. Doch irgendwann leuchtete ein rotes
Lämpchen auf dem Armaturenbrett des Hubschraubers auf:

83

Der Treibstofftank war fast leer! Oh nein! Schnell landete
er auf einem Fußballplatz, der gerade in der Nähe war. Er
stieg aus, schnappte sich seinen Jutesack und mietete sich
ein Auto. Damit fuhr er von Ort zu Ort und verteilte
weiter Geschenke. Doch leider war das Auto schon etwas
älter, und gerade als er mitten durch einen Wald fuhr,
blieb es stehen. Der Motor qualmte. Suchend blickte
der Weihnachtsmann sich um. Niemand war zu sehen,
der ihm helfen konnte.

„Oje, oje, was mach ich denn jetzt nur?", jammerte er.
Die Kinder sollten doch alle rechtzeitig ihre Geschenke
bekommen! Ihm blieb nichts anderes übrig, als zu Fuß
weiterzugehen. Er lief ein Stück, bis er einen Stapel mit
Brennholz entdeckte. Von diesem schnappte er sich zwei
Holzbretter, schnallte sie unter seine Füße, benutzte
zwei stabile Äste als Skistöcke und sauste damit durch die
verschneiten Straßen. Denn aufhalten lässt sich der
Weihnachtsmann von nichts und niemandem.

WENN DIE SEESTERNE TANZEN

Es ist Heiligabend. Durch die Tiefsee gleitet langsam das Mini-Forschungs-U-Boot Nautilus 2.

„Du übernimmst jetzt die Nachtschicht", sagt der Kapitän zu seinem ersten Offizier. „Pass auf, dass du nicht einschläfst! Und vergiss ja nicht, alles aufzuschreiben, was du siehst. Jede noch so kleine Beobachtung kann wichtig für unsere Forschung sein!"

„Na klar, Chef! Mach ich. Ich halte die Augen offen!", antwortet der Offizier und gähnt, als der Kapitän schon aus der Tür ist.

Nachdem er alle Instrumente geprüft hat, setzt sich der Offizier ans Steuer und schaltet die Scheinwerfer des U-Bootes an. Aus dem Cockpit sieht er den Meeresgrund und hier und da einige bunte Korallen und kleine Fische. Wie schön es doch unter Wasser ist.

„24. Dezember, 20.17 Uhr. Keine besonderen Vorkommnisse", schreibt er auf seinen Block.

Plötzlich macht es laut KLONG, KLONG. Der Offizier schreckt hoch. Da hat doch tatsächlich ein Delfin an seine Cockpitscheibe geklopft und zeigt mit einer Flosse auf einen riesigen Felsen. Gespannt starrt der Offizier durch das zentimeterdicke Panzerglas nach draußen.

Der Felsen ist von wunderschönen Korallen besiedelt. Hinter ihm kommt ein riesiger Schwarm Fische hervor. Als der Offizier genauer hinsieht, fällt ihm auf: Jeder Fisch trägt einen kleinen Seestern im Mund. Der Schwarm bringt tatsächlich die Seesterne zum Korallenriff, wo sich die Sterne mit ihren fünf Ärmchen festklammern.

„Das sieht ja fast aus wie ein Unterwasser-Weihnachtsbaum", staunt der Offizier.

Immer mehr Fische schwimmen um das Korallenriff herum – große und kleine in sämtlichen Farben.

Einige Tiefseefische, die aus der Dunkelheit kommen, leuchten sogar! Und was ist das? Der Offizier reibt sich ungläubig die Augen. Da sind ja Meerjungfrauen! Elegant schlängeln sie sich durchs Wasser. In ihren Händen tragen sie Geschenke, die mit Algenpapier umwickelt sind. Und kurz nach ihnen erscheint ein Schwarm Seepferdchen, der ein riesiges Schneckenhaus hinter sich herzieht.

„Das ist ja unfassbar!", denkt der Offizier. Denn in dem Schneckenhaus steht der große Meeresgott Neptun und hält die Zügel für die Seepferdchen in der einen und in der anderen Hand einen mächtigen Dreizack. Mit seinem dichten Vollbart sieht er ein bisschen aus wie der Weihnachtsmann.

Die Seepferdchen, die Meerjungfrauen und alle kleinen und großen Fische tanzen um den Unterwasser-Weihnachtsbaum herum. Schließlich kommt eine große Krake aus einer Höhle am Fuße des Felsens und hilft mit ihren acht Armen beim Geschenkeauspacken. Staunend beobachtet der Offizier das Geschehen.

Irgendwann löst sich das bunte Bild auf. Zum Abschied winkt der Delfin noch mal mit seiner Flosse, bevor er wieder in der Tiefsee verschwindet. Alles sieht wieder genauso aus wie vorher. Der Offizier schaut auf seine Uhr. Es sind doch glatt zwei Stunden vergangen.

Er ist etwas verwirrt. „Ich bin wohl eingeschlafen und hab das alles nur geträumt", denkt er. Und schreibt auf seinen Block: „24. Dezember, 22.22 Uhr. Keine besonderen Vorkommnisse."

WICHTELBESUCH

„Matz, räum bitte dein Zimmer auf!", sagt Mama zum
bestimmt siebten Mal an diesem Tag.
„Aber ich will nicht aufräumen!", ruft Matz.
In seinem Zimmer liegt alles durcheinander: seine Autos,
seine Ritter- und Superheldenfiguren, seine Pullover,
T-Shirts und Hosen, seine Bilderbücher, die Schienen seiner
Eisenbahn, die Eisenbahnwaggons, seine Turnschuhe,
Dinosaurier und Drachenfiguren.
„Ich will nicht, ich will nicht, ich will nicht!", ruft er wieder
und verkriecht sich in seiner Kissenhöhle. Hier fühlt er
sich sicher.
„Wenn du dein Zimmer nicht aufräumst, dann kommt der
Weihnachtsmann nicht!", sagt Mama plötzlich.
„Ist mir doch egal!", ruft Matz.
Mama sagt nichts mehr.
Matz streckt seinen Kopf aus der Höhle. Doch Mama
ist schon weg. Die Tür ist zu. Was, wenn der Weihnachts-
mann nun wirklich nicht kommt, nur weil Matz nicht
aufgeräumt hat?
Das ist Matz in Wirklichkeit nämlich überhaupt nicht
egal. Schnell kriecht er aus seiner Höhle und schaut sich
in seinem Zimmer um. Er weiß gar nicht, wo er mit dem
Aufräumen anfangen soll.
„Ach, würde mir nur jemand helfen, hier Ordnung zu

machen! Der Weihnachtsmann hat doch auch so viele Wichtel, die ihm helfen", schnieft er.

Da hört er ein Klopfen an seinem Fenster. Neugierig geht er hin und sieht hinaus. Direkt auf der Fensterbank stehen tatsächlich drei kleine Wichtel. Sie sehen recht freundlich aus. Matz traut sich, das Fenster einen kleinen Spaltbreit zu öffnen.

„He, wer seid ihr denn und was wollt ihr?"

„Wir sind das Wichtel-Aufräumkommando! Wir haben einen Notruf bekommen aus der Steingasse 9 von einem Matz Heinzelmann. Bist du das?"

„Äh, ja! Aufräumkommando? Das ist ja super. Kommt rein!"

Matz öffnet das Fenster und die drei kleinen Wichtel klettern ins Zimmer.

„Hier sieht's ja aus!", staunt einer von ihnen. Und auch die
anderen sind schwer beeindruckt von so viel Durcheinander.
„Mhm. Wollt ihr nicht einfach loslegen mit dem
Aufräumen?", fragt Matz vorsichtig.
„Wir? Öhm, nö!", sagt einer der Wichtel. „Wir sind nur
da, um dir zu zeigen, wie das geht. Du musst schon selbst
mitmachen. Okay, wo sind deine Kisten? Ah, hier. Wer die
meisten Autos einsammelt! Und los!"
Wie drei kleine Flummis hüpfen die Wichtel durch das
Kinderzimmer. Schnell beginnt Matz ebenfalls, Autos vom
Boden aufzusammeln. Bald ist keins mehr zu finden.
Nacheinander sammeln sie Eisenbahnteile, Ritter und

andere Spielfiguren ein. Die vier kichern und glucksen und
räumen um die Wette auf. Am Ende ist es total egal, wer am
meisten gesammelt hat, alle freuen sich gemeinsam, wie
ordentlich das Zimmer geworden ist. Als sie fertig sind,
bedankt sich Matz bei den Wichteln. Im selben Moment
hört er Schritte vor der Tür.

„Schnell, meine Mama kommt!"

Und genau eine Sekunde bevor Mama die Tür aufmacht,
hüpfen die drei wieder durchs Fenster nach draußen.

„Du hast ja Ordnung gemacht!", staunt Mama und streicht
Matz über den Kopf.

Matz grinst. „Es sind ein paar Wichtel zu Besuch gekommen
und haben mit mir aufgeräumt."

„Na dann", sagt Mama, „kann der Weihnachtsmann ja
kommen!"

Das kleine Glöckchen

In der alten Oper in Himmelsthür leben in einem
großen, aber gemütlichen Raum im zweiten Stock alle
Musikinstrumente zusammen und warten auf ihren Einsatz.
Jeden Tag kommt ein Bote mit einer Liste vorbei und die
ausgewählten Instrumente gehen zur Arbeit. Fast täglich
werden das klangvolle Klavier, die feinen Violinen, die
tratschenden Bratschen, die schicken Cellos, die pfiffigen
Flöten, die tönenden Trompeten, die quirligen Querflöten,
die ordentlichen Oboen, die fröhlichen Fagotte und die
trampelnden Trommeln bestellt. Und auch die großzügigen
Gitarren und die himmlische Harfe bekommen immer
mal wieder ihren Auftritt. Nur das kleine Glöckchen
darf nie mitkommen und wartet sehnsüchtig auf seinen
Einsatz.

Doch zur Weihnachtszeit ist es endlich so weit: Das
Glöckchen wird aufgerufen! Endlich darf es mitspielen! Es
ist sehr aufgeregt und hat ein bisschen Lampenfieber. Wenn
der große Moment näher rückt, nimmt es all seinen Mut
zusammen und konzentriert sich – und ein sehr besonderes
und wunderschönes KLINGELINGELING ertönt. Dann
wird dem Publikum ganz warm ums Herz.

Was aber kaum jemand weiß: Manchmal mogelt sich das
kleine Glöckchen auch im Sommer mit in das Orchester.
Dann macht es auch ganz leise KLINGELINGELING.

Wenn du genau aufpasst, hörst du es vielleicht! Und dann weißt du, das kleine Glöckchen hat sich mal wieder rausgeschlichen!

Die gefährliche Abkürzung

Schnell renne ich die neblige Straße runter. Es ist zwar schon ganz schön kalt geworden, aber es hat noch nicht geschneit. Ich muss mich beeilen, heute ist nämlich der letzte Tag vor den Weihnachtsferien und ich darf nicht zu spät zur Schule kommen. Durch den Nebel sehe ich die Rücklichter von unserem Schulbus, er steht schon an der Haltestelle. Oh nein! Genau vor meiner Nase macht der Bus die Türen zu und fährt los. Ich schaue auf meine Armbanduhr: In einer halben Stunde muss ich im Unterricht sein. Wenn ich die Abkürzung durch das Wäldchen nehme, kann ich das auch zu Fuß noch schaffen!

Am Waldrand stehen meterhohe, dunkle Tannen zwischen mächtigen Buchen. Ein bisschen mulmig ist mir schon, als ich das Wäldchen betrete. Eigentlich haben mir Mama und Papa strengstens verboten, alleine durch den Wald zu laufen. Aber ich darf auch nicht zu spät zur Schule kommen.

Auf der Straße war es schon neblig, hier im Wald ist es noch mal düsterer. Ich bahne mir meinen Weg durch das Unterholz. Wenn ich immer an dem kleinen Bach entlanggehe, müsste ich schon bald in der Nähe meiner Schule herauskommen. Da raschelt es plötzlich neben mir im Gebüsch. Ich kriege einen Schreck, doch es ist nur ein Mädchen mit einer roten Mütze.

„Hey, wo kommst du denn her?", frage ich.

„Ich bin auf dem Weg zu meiner Großmutter. Ich soll ihr
Kuchen und Weintrauben vorbeibringen."
Bei dem Wort Kuchen fängt mein Bauch an zu grummeln.
„Sag mal, ich musste mich heute so beeilen und hab nicht
gefrühstückt. Kann ich vielleicht ein kleines Stückchen von
dem Kuchen haben?"
Das Mädchen schaut etwas verdutzt, gibt mir dann aber ein
Stück. Kurz darauf ist sie wieder im Wald verschwunden.
Ich laufe also weiter und esse dabei den leckeren Kuchen.
Er schmeckt leicht nach Zimt und Vanille. Ein kleines
Stückchen ist noch übrig, das wickle ich für später in ein
Taschentuch ein und stecke es in meinen Rucksack. Als ich
wieder aufschaue, stehen auf einmal zwei Kinder vor mir.
„Hey du, falls du Lebkuchen magst, da hinten ist ein
Häuschen! Davon naschen wir jetzt etwas!"

Ich mag ja Lebkuchen wirklich gerne, aber ich hab gerade
schon etwas gegessen. „Danke für die Einladung, sieht echt
knusprig aus das Häuschen, aber ich muss mich leider
beeilen. Euch einen guten Appetit!", antworte ich.
Die beiden Kinder wünschen mir einen schönen Tag, bevor
sie im Dickicht verschwinden.
Wenig später taucht ein großer, grauer Hund vor mir auf
und schaut mich etwas merkwürdig an. Doch dann rennt er
plötzlich weg und ein Jäger mit einer silbernen Flinte stürzt
hinter ihm her.

„Hier ist ja was los!", denke ich. Ich laufe und laufe immer weiter durch das Wäldchen. Sonst ist es mir immer viel kleiner vorgekommen. Seltsam. Da taucht plötzlich die Sonne zwischen den Zweigen auf und ich sehe endlich die Straße, die zur Schule führt. Ich gebe noch mal alles und sprinte das letzte Stück. Völlig außer Puste komme ich schließlich bei meiner Schule an. Ein paar Minuten bin ich schon zu spät, doch meine Lehrerin lächelt trotzdem.

„Gut, dass du nun auch da bist! Wir wollten gerade anfangen, aus den Märchen der Brüder Grimm zu lesen!"

„So ein Quatsch, Märchenfiguren sind ja eh nur erfunden!", flüstert mir Till, mein Sitznachbar zu, als ich mich setze.

Schnell hole ich mein Schulheft aus meinem Rucksack. Da entdecke ich das Taschentuch mit dem Kuchen von dem Mädchen aus dem Wald – und plötzlich wird mir einiges klar. Von wegen erfunden!

VIKTOR UND DIE WALNÜSSE

Der Winter war im Anmarsch und die
Tiere sammelten ihre Vorräte.
„Viktor, trödle bitte nicht schon wieder!
Schaffst du es überhaupt, so einen großen Sack Walnüsse zu
tragen?", fragte Papa Eichhörnchen.
Viktor nickte eifrig. „Ja, Papa, natürlich, Papa!" Er wollte
nicht immer das kleine, trottelige Eichhörnchen sein. Nein,
er wollte allen zeigen, dass er stark sein und auch etwas
Großes schaffen kann. Viktor hob den Sack mit den
Walnüssen an und schwang ihn auf seine Schulter. Puh, der
war doch ganz schön schwer, aber der Nussvorrat musste ja
auch den ganzen Winter halten.
„Los, Beeilung, Viktor! Träum nicht!", rief Oma
Eichhörnchen.

Viktor atmete tief durch und flitzte mit dem schweren Sack voller Walnüsse über der Schulter seiner Familie hinterher, die schon ungeduldig auf ihn wartete.

Doch da entdeckte er ein besonders hübsches Winterblümchen auf der mit Raureif bedeckten Wiese. Und dort hinten am Waldesrand hoppelte ein weißes Kaninchen. Viktor schaute ihm verträumt hinterher, bevor es hinter einem Baum verschwand. Plötzlich stolperte er über eine Wurzel und der schwere Sack fiel herunter. Alle Nüsse kullerten heraus und verteilten sich überall auf dem Boden.

„Ach, typisch Viktor! Da hat er mal wieder geträumt", bemerkte Muskulus Nuss. Er war das größte Eichhörnchen in der Gruppe.

Schnell sammelte Viktor die Nüsse wieder ein und flitzte weiter. Drei der Nüsse hat er allerdings übersehen. Eine ist in ein verlassenes Mauseloch gekullert und hat dort gekeimt. Eine andere ist in eine Hecke gerollt. Und eine dritte, die hat ein dicker Maulwurf aus Versehen eingebuddelt. Zum Glück! Denn hundert Jahre später gibt es genau an der Stelle, wo Viktor gestolpert ist, drei Walnussbäume, in denen die Ururrenkel und Ururrenkelinnen von unserem Viktor leben. Da hat Viktor wirklich etwas ganz Großes geschaffen! Manchmal scheint es gar nicht so verkehrt zu sein, zu träumen und zu trödeln.

Viktor
Gedenk-
stätte

WEIHNACHTSFREUDE

DIE WEIHNACHTSFRAU

„Holladihi, holladiho!", singt die Weihnachtsfrau fröhlich und schnappt sich den Sack mit den Geschenken. Sie pfeift einmal und schon kommen die Rentiere mit dem Weihnachtsschlitten um die Ecke gesaust.

„Hier, mein Schatz, ich habe dir zwei Lebkuchenbrötchen für die Mittagspause geschmiert. Tschüss, und viel Spaß auf der Arbeit!", ruft der Weihnachtsmann. Er steht mit den Weihnachtskindern in der Haustür und winkt. Dieses Jahr ist er mal Hausmann und seine Frau macht den Weihnachtsjob. Wie schön, dass Weihnachtsmann und Weihnachtsfrau sich abwechseln können.

Nachdem die Weihnachtsfrau zur Arbeit gefahren ist, geht der Weihnachtsmann in die Küche und stellt schon mal den Kochtopf für das Mittagessen auf den Herd. Schokoladensuppe mit Plätzchenknödeln und Vanillepudding mit gerösteten Walnüssen gibt es heute zu Mittag.

Während das Essen auf dem Herd vor sich hin köchelt, bügelt der Weihnachtsmann die Wäsche, legt sie zusammen und räumt sie in den Kleiderschrank. Dann spielt er mit den Weihnachtskindern Fangen, Verstecken und „Weihnachtsmensch ärgere dich nicht".

„Papa, wir haben Hunger, wann gibt es endlich Essen?",
fragen die Kinder schließlich.

Gemeinsam deckt die Familie den Tisch. Die Kinder haben
heute so richtig viel Appetit.

Nach dem Essen räumen sie das Geschirr in die Spül-
maschine und schalten sie ein. Später stellt der Weihnachtsmann es in die Vitrine im Wohnzimmer. Irgendwann
rumpelt es im Schornstein und die Weihnachtsfrau krabbelt
aus dem Kamin. Lächelnd klopft sie sich den Ruß von ihrer
Arbeitskleidung.

„Hallo, Schatz, schön, dass du zurück bist!", freut sich
der Weihnachtsmann. „Lass uns doch zusammen den
Kindern zum Einschlafen eine schöne Weihnachtsgeschichte
vorlesen!"

Die Weihnachtsfrau strahlt. „Oh ja, das sind immer die
schönsten Momente!"

Und schon kurz darauf sitzen alle zusammen
und lesen eine Weihnachtsgeschichte.

„Es ist ein sonniger Wintertag", liest die
Weihnachtsfrau. „Linus geht mit seinem
Papa am See spazieren …"

PIRATENWEIHNACHTSPOST

Es ist ein sonniger Wintertag. Linus geht mit seinem Papa
am See spazieren. Er trägt heute sein Piratenkostüm, weil
er das so gerne hat. Plötzlich leuchtet und blinkt etwas
zwischen den Schilfrohren am Ufer auf.
„Schau mal, da drüben! Was das wohl sein mag?", rätselt
Papa.
„Komm, wir sehen nach!", ruft Linus aufgeregt. Vorsichtig
klettert er ans Ufer und entdeckt eine sonderbar geformte
Flasche im seichten Wasser.

Mit seinem Plastik-
säbel schafft er es,
sie zum Ufer zu
ziehen. Die Flasche
sieht sehr alt aus und
ist mit einem Korken
verschlossen.

„Linus, das ist ein
richtiges Sammler-
stück, das wir da
gefunden haben!",
staunt Papa. „Komm,
die nehmen wir mit nach Hause!"

Kaum sind sie zu Hause angekommen, schrubbt Linus die
schöne Flasche mit einem Schwamm im Spülbecken. Als er
den Schmutz abgewaschen hat, fällt ihm etwas Sonderbares
auf: Durch das alte Glas schimmert etwas Längliches, das
so aussieht wie ein Stück Papier!

„Das ist eine Flaschenpost!", ruft Linus. Aufgeregt öffnen
er und Papa die Flasche mit einem Korkenzieher. Als Linus
sie umdreht, plumpst ein zusammengerolltes Blatt heraus.
Schnell rollt er das vergilbte Blatt auseinander. Es ist
anscheinend sehr alt, aber man kann die Nachricht, die in
schwarzer Tinte geschrieben ist, noch gut lesen:

Südsee, Weihnachten 1789

Liebe Mama,

ich habe leider gerade keine Briefmarken mehr, daher
muss ich dir den Brief per Flaschenpost schicken, ich hoffe,
er kommt trotzdem rechtzeitig an.
Weihnachten hier in der Südsee ist ganz toll, wir haben
unser Piratenschiff sehr schön geschmückt. Gemeinsam mit
dem Schiffspapagei singen wir lustige Weihnachtslieder.
Gestern sind wir an Land gegangen, haben am Strand ein
Feuerchen gemacht und leckeres Brot und Maiskolben über
dem Lagerfeuer geröstet. Zum Nachtisch gab es sogar eine
große Tasse Piratenkakao mit Schokokuchen! Dann hat
der Kapitän seine Schatztruhe geöffnet und jedem zu Weihnachten eine echte Goldmünze geschenkt. Ich freue mich,
dass ich mich für den Beruf des Piraten entschieden habe.
Zu Hause in der Schule hat es mir ja nicht so gut gefallen.
Aber vielleicht komm ich in ein paar Jahren trotzdem
zurück, wenn ich genug Piratenabenteuer erlebt habe.

Feiert schön Weihnachten, ich hab euch ganz doll lieb!
Viele Grüße auch an Papa, Oma und Opa!

Dein *Cornelius*

Schiffsjunge auf dem Piratenschiff Donnerblitz

„Oh, da haben wir ja eine echte Piratenflaschenpost
gefunden!", staunt Papa.
„Ich hätte auch gerne einen Papagei, der mit mir Weihnachtslieder singt!", ruft Linus. „Wie der Piratenjunge!"
„Den habe ich leider nicht für dich!", sagt Papa. „Aber
zufällig eine große Tasse Piratenkakao und ein ordentliches
Stück Südsee-Weihnachtsschokoladenkuchen!"

YOUWICHTEL – VIDEOS FÜR WICHTIGE WICHTEL

Der kleine Wichtel schaltet die Kamera seines Computers an:

„Hallo, ich bin's, euer Schrottwichtel Blechfried! Willkommen bei Youwichtel, dem Videokanal für alle Weihnachtswichtel im Winternet. Ja, äh, Leute, ich wollte ja schon immer mal berichten, wie es so ist hier bei meinem Praktikum beim Weihnachtsmann. Also, der Chef ist jetzt grade mal rausgegangen und ich chille hier in der Werkstatt, hehe."

Der Wichtel legt seine kleinen Füße lässig auf seinen Schreibtisch, verliert dabei aber das Gleichgewicht und fällt – PLUMPS – vom Stuhl. Schnell klettert er wieder vor die Kamera.

„Also, ich arbeite jetzt hier als Aushilfs- und Schrottwichtel, da repariere ich kaputte Weihnachtsgeschenke, oder ich sammle das alte Geschenkpapier ein und ich helfe auch mal beim Geschenktransport. Aber ich muss euch sagen, der Weihnachtsmann ist manchmal ganz schön streng. Er will, dass jedes Kind genau am 24. Dezember seine Geschenke bekommt. Ich verstehe das nicht. Das Jahr hat ja 365 Tage, warum sollen wir alles an diesem einen Tag ausliefern? Also, das ist schon mal gar nicht so chillig. Und dann habe ich neulich auf der Arbeit einen Witz gemacht und gesagt, der Weihnachtsmann sollte sich mal seinen Bart abrasieren, hahaha. Aber meine Arbeitskollegen fanden das gar nicht lustig. So ein Rentier wurde richtig sauer auf mich und hat vor Wut eine ganz rote Nase bekommen. Am besten ist es, ich mache meine eigene Weihnachtswerkstatt auf. Dann bin ich der Chef. Ich zieh mir dann eine coole Baseballmütze auf, vielleicht in Neongelb oder so. Das sieht doch viel besser aus als diese rote Bommelmütze vom Weihnachtsmann. Und dann baue ich einen Schlitten aus einem alten Baumstamm, den acht richtig dicke Wildschweine aus dem Weihnachtswald ziehen und nicht diese Rentiere."

Der kleine Wichtel lächelt verträumt. Plötzlich rumpelt es in der Werkstatt.

„Oh nein, verwichtelt noch mal! Ich glaub, ich muss aufhören, der Chef kommt zurück!"

„Hey, Blechfried! Bist du denn schon fertig mit deiner Arbeit? Warum sitzt du denn schon wieder vor dem Computer? Du sollst doch das Geschenkpapier mit Goldfarbe anmalen!", ruft der Weihnachtsmann.

„Ja klar, Chef, mache ich, ja Chef, ich koche Ihnen auch gleich einen schönen Kaffee!", antwortet der kleine Wichtel schnell. Bevor er die Kamera ausschaltet, flüstert er noch: „Leute, ich muss aufhören! Ich sende demnächst wieder was hier bei Youwichtel! Wenn's euch gefallen hat, gebt mir einen Daumen nach oben und schreibt mir einen Kommentar! Bis bald! Euer Schrottwichtel Blechfried!"

Von Möhrchen, Bärchen und Häschen

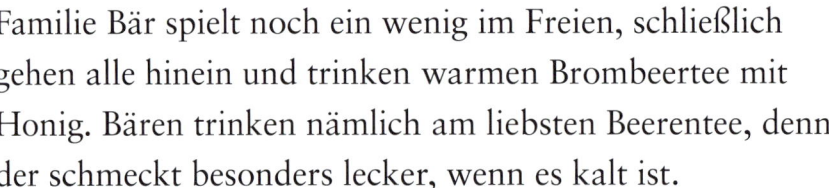

Bei Familie Bär im Möhrchenweg wird gerade ein Schneemann gebaut. Ein richtig großer, aus drei dicken Schneekugeln, die aufeinandergestapelt werden. Papa Bär nimmt ein paar Kohlestückchen und macht daraus Augen, Mund und Knöpfe. Als Nase gibt es eine Mohrrübe.

„Gut sieht er aus!", sagt Papa Bär stolz.

Familie Bär spielt noch ein wenig im Freien, schließlich gehen alle hinein und trinken warmen Brombeertee mit Honig. Bären trinken nämlich am liebsten Beerentee, denn der schmeckt besonders lecker, wenn es kalt ist.

Am nächsten Tag stürmen die Bärenkinder nach draußen, um im Schnee zu spielen. Doch was ist das? Da hat doch wohl … nein, das kann nicht wahr sein!

„Das gibt's doch nicht! Irgendjemand hat die Möhrennase unseres Schneemanns geklaut!", staunen die Bärenkinder.

„Wer das wohl war? Das sollten wir herausfinden!"

Also legen sie sich auf die Lauer. Sie holen eine neue Mohrrübe aus der Bärenküche, stecken sie dem Schneemann ins Gesicht, verstecken sich und warten. Und warten und warten. Doch nichts passiert. Gerade als sie wieder ins Haus gehen wollen, hören sie hinter sich ein merkwürdiges Geräusch. Es ist ein Knabbergeräusch! Als sich die

Bärenkinder umdrehen, entdecken sie fünf kleine Häschen, die gerade eine Räuberleiter bilden. Ein Häschen steht jeweils auf der Schulter des anderen und das oberste macht sich an der Nase des Schneemanns zu schaffen.

„Heyyyyy, ihr!", rufen die Bärenkinder. „Was macht ihr da?"

Verdutzt blicken sich die Häschen um. Das eine, das gerade an der Nase knabbert, verliert vor Schreck das Gleichgewicht und purzelt mit der Möhre in den Schnee. Flink steht es wieder auf, schnappt sich die Möhre und hoppelt weg, so schnell es kann.

„Los! Hinterher!", rufen die Bärenkinder und folgen den Häschen. Doch immer wieder schlagen diese Haken, sodass sie die kleinen Bären schon bald abgehängt haben.

Enttäuscht laufen die Bärenkinder nach Hause und erzählen ihren Eltern von dem Erlebnis.

Mama Bär hört aufmerksam zu und nickt. „Vielleicht", sagt sie schließlich, „haben die kleinen Häschen im Winter zu wenig zu essen. Ich hab da eine Idee!"

Schnell packt sie ein paar Möhrchen, Blattsalat und einige Äpfel in einen Korb und bindet eine Schleife darum. Dazu malen und schreiben die Bärenkinder eine Weihnachtskarte. Dann gehen alle nach draußen und stellen den Korb neben den Schneemann. Gemeinsam verstecken sie sich hinter einem Baum.

Als schließlich die kleinen Häschen angehoppelt kommen, neugierig den Korb mit Lebensmitteln beschnuppern und die Weihnachtskarte lesen, hüpft die Bärenfamilie aus ihrem Versteck und ruft: „Fröhliche Weihnachten!"

Die kleinen Häschen erschrecken zuerst ein bisschen, dann freuen sie sich aber sehr.
Seitdem stattet Familie Bär jeden ihrer Schneemänner mit einem Korb voll leckerem Obst und Gemüse aus. Und die Möhrchennase? Wurde seitdem nie wieder angeknabbert.

DIE SCHNEEBALLSCHLACHT

Heute Nacht hat es richtig stark geschneit. Perfekt für eine Schneeballschlacht. Leider will niemand aus meiner Familie mitmachen, alle sind irgendwie beschäftigt. Na, dann geh ich eben alleine raus und mache mir aus dem pappigen Schnee einen großen Haufen Schneebälle.

Gerade als ich ein besonders schönes Exemplar geformt habe, trifft mich plötzlich ein Schneeball an der Schulter. Ich springe auf und sehe mich um. Wer hat mich beworfen? Doch bevor ich jemanden entdecken kann, macht es

KLATSCH und ich werde wieder getroffen, diesmal

direkt am Rücken! Ich schnappe mir einen meiner Schneebälle und drehe mich blitzschnell um. Im Augenwinkel
sehe ich gerade noch einen Jungen mit einer braunen Jacke
und einer blauen Mütze hinter den Büschen verschwinden,
nur sein Ärmel schaut noch hervor. Jetzt habe ich den
Schneeballschmeißer! Ich ziele, werfe meinen Ball und
treffe! Juhuuu! Eine herrliche Schneeballschlacht beginnt.
Hin und her fliegen die Bälle. Wir kichern und schreien, wir
lachen und schimpfen. Irgendwann bin ich so aus der Puste,
dass ich nicht mehr kann. Dem Schneeballschmeißer geht
es wohl genauso. Er kommt auf mich zu und lacht:
„Das war ein Spaß! Ich heiße übrigens Tim. Ich bin vor
einer Woche in das Haus da drüben gezogen", sagt er.
Seitdem spielen Tim und ich jeden Tag zusammen. Uns
fällt immer etwas ein. Jetzt habe ich einen neuen Freund.
Und das nur, weil sonst niemand mit mir im Schnee
spielen wollte.

Ein Geschenk für den Weihnachtsmann

„Uiuiui, ich bin spät dran!", bemerkt der Weihnachtsmann. Blitzschnell zieht er sich seine rote Hose, seinen Weihnachtsmantel und seine Stiefel an. Die hat er sogar schön geputzt.

Dann schnappt er sich seinen Sack mit den Geschenken. Aber Moment mal, wo ist seine Mütze? Seine Mütze ist verschwunden, na so was!

Doch dem Weihnachtsmann bleibt keine Zeit zu suchen. Er muss sich wirklich beeilen, damit die Kinder auch pünktlich ihre Geschenke bekommen. Schnell schwingt er sich auf seinen Schlitten und fährt los. Die erste Adresse ist der Waldweg 71, Familie Stern. Fröhlich klingelt der Weihnachtsmann an der Haustür und das, obwohl er kalte Ohren hat. Schon bald öffnet sich die Tür. Ein etwa sieben Jahre altes Mädchen steht vor ihm und strahlt ihn an.

„Oh, du bist bestimmt der Weihnachtsmann! Hallo, ich bin Sofia. Nanu, du hast ja ganz rote Ohren! Ist dir kalt?" Sofia will nicht, dass der Weihnachtsmann friert. Da fällt ihr etwas ein: „Meine Oma hat mir doch neulich eine schöne neue Bommelmütze gestrickt, deswegen brauche ich meine alte nicht mehr." Sofia greift zur Garderobe und gibt dem Weihnachtsmann eine Mütze.

„Danke!", strahlt der Weihnachtsmann. Er freut sich sehr, dass auch er mal ein Geschenk bekommt. Stolz setzt er sich die Mütze auf seine weißen Haare. Eine rosafarbene Mütze mit einem kleinen Pony drauf, Sofias Mütze. Und obwohl sie so gar nicht zum Rest seiner Kleidung passt, besitzt er sie heute noch immer. Und manchmal, wenn er seine andere Mütze nicht finden kann, trägt er sie. Also wundert euch nicht, wenn ihr mal einen Weihnachtsmann seht, der eine rosafarbene Mütze trägt – mit einem Pony drauf!

Schnee und Eis

Hast du schon mal von einem Kältelabor gehört? Da ist es so kalt, dass man sogar seinen eigenen Atem sehen kann! Es ist fast wie in einem riesigen, begehbaren Kühlschrank. Dort zeigt die berühmte Forscherin Doktor Doktor Schlaukopf heute ihrer Tochter Clara, wie Schneeflocken unter einem Mikroskop aussehen. Natürlich sind beide dick und warm angezogen, damit sie nicht frieren.

„Es gibt ganz viele verschiedene Formen von Schnee-flocken,", erklärt sie. „Je nach Temperatur, Wetter und Luftfeuchtigkeit. Guck mal!"

Clara schaut interessiert durch das Mikroskop. Die Schneeflocke sieht aus wie ein Stern. „Toll!", staunt sie.

„Die typischen sternförmigen Flocken entstehen, wenn es sehr, sehr kalt ist. So bei minus 10 bis minus 22 Grad Celsius. Aber schau mal, da drüben in der Pappschachtel auf dem Tisch, da habe ich noch eine ganz besondere Form von gefrorenem Wasser für uns. Mach sie mal auf, die müssen wir unbedingt ganz schnell, ähm, untersuchen!"
Die Forscherin grinst schelmisch.

Neugierig geht Clara zu dem kleinen Päckchen hinüber und öffnet es. In der Schachtel sind zwei Becher mit Eiskugeln in verschiedensten Geschmacksrichtungen.

Es gibt Vanille-, Schokoladen-, Erdbeer- und Himbeereis.

„Die Kristalle in diesen Eiskugeln sind unter dem Mikroskop sechseckig. Aber ich denke, dass wir als erstes den Geschmack erforschen sollten", sagt die Forscherin, schnappt sich einen der Becher und nascht einen großen Löffel Schokoeis.

DAS SPIEL DER SAISON: NORDPOL GEGEN SÜDPOL

„Herzlich willkommen beim größten
Eishockeyspiel des Jahres: Nordpol gegen Südpol!
Ich bin Walpurga Walross, Ihre Moderatorin. Die
Spannung im Antarktis-Stadion ist unbeschreiblich.
20.000 Kaiserpinguine feuern ihre Mannschaft an."
„Ha, ho, he, wir kommen aus dem Schnee! Pinguine vor!
Schießt das erste Tor!"
„Das Spiel Nordpol gegen Südpol wird dieses Mal hier im
Süden ausgetragen. Pinguine und Eisbären
haben das ganze Jahr für dieses alles
entscheidende Match trainiert. Es geht um
die Urlaubsvertretung der Rentiere. Die
Gewinner werden dieses Weihnachten
den Schlitten ziehen dürfen. Wer wird
es wohl werden? Alle sind aufgeregt!

Seit Monaten laufen die Vorbereitungen: Sitzkissen
und Fähnchen wurden genäht, die leckersten Eissorten
zubereitet … Ja, ich hätte gerne einmal geröstete Nüsschen,
danke! Und da sind sie, unsere großen Sportler! Die
Pinguine marschieren – oder besser gesagt: watscheln aufs
Eis und stellen sich in Spielformation auf. Die Gegner aus
dem hohen Norden stürmen ebenfalls auf das Spielfeld.
Einige Eisbären-Fans vom Nordpol sind auch angereist,
um ihre Mannschaft zu unterstützen. Und da kommt der
Schiedsrichter. Wie jedes Jahr wird der Weihnachtsmann
höchstpersönlich in die Trillerpfeife pusten!

Anpfiff! Es geht los. Ein Eisbärspieler mit dickem weißem Fell schnappt sich den Puck und schlittert in Richtung der Pinguine. Doch die reagieren blitzschnell und türmen sich zu einer Mauer auf. Da ist kein Durchkommen. Links, rechts, vorne, hinten – so schnell wie der Puck über das Spielfeld saust, so schnell kann man ja kaum gucken. Da haben die Eisbären ihn wieder. Die Spielerin mit der Nummer 3 macht eine elegante Drehung … Und schon fällt das erste Tor. Unglaublich! Tor, Tor, Tor!!! Eins zu null für die bärenstarken Gäste aus dem Norden.

Das lassen sich die Gastgeber natürlich nicht gefallen. Sie watscheln langsam los, doch dann werfen sie sich plötzlich auf den Bauch und rutschen pfeilschnell über das Spielfeld. Schon hat der erste Pinguin das Tor erreicht. Er spielt schnell ab zu einem Mitspieler, der verwandelt und – TOOOOR! Ausgleich für die Gastgeber vom Südpol! Was für ein Spiel. Da juckt es mir doch in meinem linken Stoßzahn vor Spannung! Hier stürmen die Spieler über das Spielfeld, sie tricksen und geben alles. Immer wieder schaffen es die Pinguine vor das gegnerische Tor. Der Angriff der Pinguine ist extrem stark. Zwar stoppen die Eisbären ihre Gegner immer wieder mit ihren mächtigen Bärentatzen. Aber wenn sie die rutschenden Pinguine erreichen, haben diese mit ihrem Schnabel längst den Puck zum nächsten Pinguin abgegeben. Hier fällt ein Tor nach dem anderen für unsere Stars aus dem Süden."

Am Ende ist das Ergebnis klar. Fünf zu eins für die Pinguine. Also, falls ihr mal einen Weihnachtsschlitten seht, der von Pinguinen gezogen wird, dann wisst ihr: Die Pinguine haben mal wieder gewonnen!

Das Geheimrezept des Weihnachtsmannes

Der Weihnachtsmann ist genervt. Er hat den Weihnachtselfen heute frei gegeben, weil sie die letzten Wochen über so
fleißig waren. Aber dann kam heute Morgen doch noch
eine riesige Bestellung für Weihnachtsplätzchen rein.
Also setzt er sich seine Brille auf und liest:
„3 Schubkarren Zucker, 9 Säcke Mehl,
100 Liter Milch. Ach ja, die Milch, die
muss ich ja noch von der Mondkuh holen."
Schnell läuft der Weihnachtsmann zum Schlitten
und saust los. Kurze Zeit später kommt er mit einer
Kanne Milch zurück, die so groß ist wie er selbst, und gießt
die Milch in die riesige Schüssel für den Teig.
„So, was kommt nun noch hinein?", überlegt der
Weihnachtsmann. Er will das Rezept lesen und sucht nach
seiner Brille, er wühlt in jeder Tasche seines Mantels.
„Bei allen Schneeflocken! Ich habe meine Brille auf dem
Mond liegen lassen! Wie soll ich denn jetzt das Rezept
lesen?" Der Weihnachtsmann überlegt einen Moment. „Na
ja, was diese kleinen Weihnachtselfen können, kann ich
schon lange! Irgendwie werde ich das schon schaffen!
Schließlich bin ich der berühmte Weihnachtsmann!", sagt
er trotzig.

Er schüttet säckeweise Mehl in die Schüssel, dazu noch
einen Haufen Butter und noch ein paar andere Zutaten.
„So, jetzt fehlen noch die drei Schubkarren voll Zucker,
wenn ich mich recht erinnere, aber ich nehme lieber vier,
dann wird es noch besser schmecken!"
Er geht ins Lager, nimmt eine Schaufel und macht die
Schubkarre ordentlich voll. Aber ohne seine Brille merkt
er nicht, dass neben dem großen, kristallisch glänzenden
Haufen ein kleines Schild mit der Aufschrift „Salz" steht.
Immer wieder füllt er die Karre und leert sie in den Teig.
„Jetzt sind alle Zutaten beisammen!", freut er sich. „Und
nun noch die Rührmaschine einschalten. Morgen früh
können die Elfen dann aus dem Teig leckere Plätzchen
backen. Die werden sich bestimmt wundern, was für ein
besonderes Rezept ihr Chef gemacht hat!"
Der Weihnachtsmann wusste gar
nicht, wie sehr er mit dieser
Vermutung recht behalten
sollte …

DER BELLENDE SÄNGER

„So, passt mir gut auf den kleinen Racker auf!", sagt
Onkel Martin. Er gibt Papa das Hundekörbchen, eine Leine
und eine große Tüte mit Hundefutter. Über Weihnachten
ist Onkel Martin nämlich in der Südsee, da kann er leider
seinen kleinen Dackel Herkules nicht mitnehmen.

Lisa freut sich riesig. Immer wenn ihr Onkel in den Urlaub
fährt, darf sie auf Herkules aufpassen. Der kleine Dackel
wedelt so lustig mit dem Schwänzchen und hüpft auf und
ab wie ein Flummi aus Fell, wenn er Lisa sieht. Er ist so
superkuschelig und wuschelig und hat große Knopfaugen.
Herkules ist einfach nur süß! Wie schön, dass bald
Weihnachten ist und sie zusammen mit Herkules feiern
können!

Ein paar Tage später ist es endlich so weit! Die ganze
Familie steht vor dem leuchtenden Weihnachtsbaum.
Fröhlich stimmt Papa „Oh Tannenbaum" an. Die Familie
stimmt mit ein. Und plötzlich ertönt ein Jaulen. Es ist
Herkules. Auch er singt fleißig mit: „Oh Tannenbaum, –
WUFF, WUFF – oh Tannenbaum, – WUFF, WUFF – wie
grün sind deine Blätter – WUFF.

In diesem Sinne: Hundige Weihnachten
euch allen!

WICHTIGE WICHTEL—WERBEANZEIGE

Im Heiligabend-Blatt, der Weihnachtszeitung, ist heute Morgen Folgendes zu lesen:

Rufen Sie Rudolphs Rentiertaxi-Rennschlitten,
und Weihnachten ist gerettet!
Rudolph bringt Sie in den Weihnachtsfeiertagen
gerne zu Ihren Liebsten.
Drücken Sie einfach auf diesen Rentier-Rufknopf
und schauen Sie aus
dem Fenster.

Mit etwas Glück kommt Rudolph
mit seinem Rentiertaxi bei Ihnen vorbei!
Die Bezahlung bitte in ~~Haselnussplätzchen~~! Walnussplätzchen
Wir freuen uns auf Sie!
Denn jedes Kind weiß:
Rufen Sie Rudolphs Rentiertaxi-Rennschlitten,
und Weihnachten ist gerettet!

Wenn du und deine Familie also mal dringend einen Weihnachtstransport brauchen – vielleicht, weil es zu viele Geschenke von Oma und Opa gab – dann ruft Rudolph an!

DER GROßE MOMENT

„Mama, Mama, wann ist es denn endlich wieder so weit? Jetzt sind wir schon fast ein Jahr in dieser Kiste. Kann denn Weihnachten nicht öfter sein?" Aufgeregt hüpfen die kleinen Christbaumkugeln im Karton umher.

„Wenn es öfter Weihnachten wäre, wäre es nicht mehr so besonders. Habt noch ein wenig Geduld, Kinder! Es dürfte nicht mehr lange dauern."

Und wirklich, ein paar Tage später hören sie Schritte. Dann gibt es einen Ruck und die Kiste wird angehoben.

„Es geht los! Es geht los!", freuen sich die Kleinen.

„Pst, leise, nicht dass die Menschen euch hören!", mahnt Mama Christbaumkugel.

Die Kleinen sind so aufgeregt, dass es ihnen sehr schwerfällt, ruhig zu sein. Würde ein Mensch ganz genau hinhören, könnte er vielleicht ihr Kichern hören. Aber die Menschen sind zum Glück mit sich beschäftigt und reden wild durcheinander. Sie sind wohl auch aufgeregt, weil Weihnachten ist.

Plötzlich geht der Deckel auf und es wird taghell in der Weihnachtskiste. Die Menschenkinder stecken ihre Köpfe hinein. Sie wollen gemeinsam mit ihrem Papa den Tannenbaum schmücken. Wie jedes Jahr. Vorsichtig hängen sie eine Kugel nach der anderen an die Zweige. Und auch Holzanhänger und Lichterketten finden

ihren Platz zwischen den Kugeln. Immer schöner wird
der Baum.

Doch dann müssen die Kinder das Wohnzimmer verlassen.
Erst später wenn ein Glöckchen erklingt, und das
Christkind dagewesen ist, dürfen sie wieder hineinstürmen.
Wenn sie singen und ihre Gedichte aufsagen, lauschen
die Christbaumkugeln andächtig und speichern jeden
Moment in ihrer Erinnerung.

Sie beobachten, wie die Kinder unter dem leuchtenden
Weihnachtsbaum ihre Geschenke auspacken und sich
freuen. Und dann, wenn das wunderbare Fest vorbei ist und
die Nadeln vom Baum fallen, kommen die Kugeln zurück in
die Weihnachtskiste. Sie haben über die Feiertage mit aller
Kraft gestrahlt und geglänzt. Müde von all der Anstrengung
werden sie schlafen – bis zum nächsten Jahr, wenn wieder
Weihnachten ist.

DIE HEILIGABENDSCHAU

Meine sehr verehrten Damen und Herren,
ich bin Frida Schneefuchs und begrüße Sie recht herzlich zur
Heiligabendschau mit den neuesten Nordpolnachrichten!

 Himmelsthür: In der Weihnachtsbäckerei wurden offenbar
von einem Unbekannten Zucker und Salz vertauscht. Doch
wider Erwarten ist das salzige Weihnachtsgebäck durchaus
schmackhaft und sehr beliebt. Wenn man die Plätzchen
mit Käse und einer Gurkenscheibe belegt, sollen sie ganz
fantastisch schmecken.

 Klein Muckelhausen: Laut unseren Informationen wurde
hier heute ein sehr junger Nikolaus gesichtet. Er soll
Süßigkeiten an die Nachbarn verteilt haben. Aufgrund des
akuten Fachkräftemangels in der Weihnachtsbranche ist
der Junge bereits zum Vorstellungsgespräch in die Weihnachtswerkstatt eingeladen worden.

 Verkehr: Die Schlittenpolizei hat heute einen Wichtel
angehalten, der auf einem alten Baumstamm durch die
Gegend ritt. Der Baumstamm wurde von acht Wild-
schweinen gezogen und war mit überhöhter Geschwindig-
keit im Weihnachtswald unterwegs.

Und wo wir schon bei Wäldern sind: In einem Tannenwald in den Alpen verschwinden auf mysteriöse Weise immer wieder die Nasen von Schneemännern. Die für Schneemänner typischen Karottennasen sind oft angeknabbert oder teilweise komplett spurlos verschwunden. Hinweise bitte an die Ihnen am nächsten gelegene Weihnachtswerkstatt!

 Sport: Das jährliche Eishockeyturnier zwischen Eisbären und Pinguinen ist heute mit einem 5:1-Sieg für die Pinguine ausgegangen. Dieses Jahr werden also sie den begehrten Weihnachtsschlitten ziehen.

 Und nun zum Wetter! In Ägypten, in der Nähe von Kairo, gab es heute eine Sensation. Erstmals seit 122 Jahren schneite es dort wieder. Warum das so ist, lässt sich nicht erklären.

So weit die Meldungen! Das waren die Heiligabendnachrichten.

Wir wünschen allen
ein wunderbares Weihnachtsfest!
Bis zum nächsten Jahr,
Ihre Frida Schneefuchs

Die Autoren

© Agentur Friedrich & Freunde

Cally Stronk und ihr Mann Christian Friedrich leben nicht am Nordpol wie der Weihnachtsmann und die Weihnachtsfrau, dafür aber im Norden Berlins, im schönen Pankow. Dort halten sie sich zwar keine Rentiere, aber zwei flauschige Katzen, die immer wieder Unfug anstellen. Bei Ravensburger sind schon mehrere Bücher von Cally Stronk erschienen: die Schmetterlingselfen-Abenteuer „Leonie Looping" und der Leserabe „Theo und der Mann im Ohr".

Die Illustratorin

© Peter Nixdorf

Pe Grigo, geboren an einem Freitag kurz vor Weihnachten, zeichnet seit ihrem zweiten Lebensjahr. Inzwischen hat sie die Zeichnerei zum Beruf gemacht und illustriert nun seit vielen Jahren mit Herz und Seele Geschichten für Groß und Klein. Wenn sie das Atelier unterm Dach mal verlässt (von dort kann man prima herannahende Rentierschlitten entdecken), trifft man sie bevorzugt spazierend im schneebedeckten Teutoburger Wald an oder in ihrem Garten hinter dem sonnengelben Haus.

Die schönsten Geschichten aus 25 Jahren

Manfred Mai

1-2-3 Minutengeschichten:
Mein großer Vorleseschatz

Hier wird garantiert jeder Geschichtensucher fündig! Ob zum Kuscheln & Träumen, Kichern & Schmunzeln, Nachdenken & Staunen oder Trösten & Mutmachen – in diesem Buch findet sich für jede Gelegenheit die passende Geschichte. Ein bunter Vorleseschatz mit den schönsten Minuten-Geschichten von Manfred Mai: mal lustig und mal ernst, mal realistisch und mal märchenhaft.

ISBN 978-3-473-**36598**-2

www.ravensburger.de

Ravensburger